퇴계 이황이 들려주는

경 이야기

퇴계 이황이 들려주는

경 이야기

ⓒ 이명수, 2006

초판　1쇄 발행일　2006년 7월 21일
초판 15쇄 발행일　2021년 4월 28일

지은이　　이명수
그림　　　함정선
펴낸이　　정은영

펴낸곳　　(주)자음과모음
출판등록　2001년 11월 28일 제2001-000259호
주소　　　04047 서울시 마포구 양화로6길 49
전화　　　편집부 (02)324-2347 경영지원부 (02)325-6047
팩스　　　편집부 (02)324-2348 경영지원부 (02)2648-1311
e-mail　　jamoteen@jamobook.com

ISBN　978-89-544-1944-4 (64100)

퇴계 이황이 들려주는
경 이야기

이명수 지음

|주|자음과모음

책머리에

　사람은 이 세상에 태어나면서부터 사람과 사물에 둘러싸여 살게 됩니다. 물론 맨 처음 만나는 것은 어머니의 젖꼭지일 것입니다. 그 후 부모님의 얼굴을 알아보게 되고 형제자매와 어울려 지내게 됩니다. 그리고 나아가 시간과 장소입니다. 그러한 자세는 따라 친척, 이웃, 국민, 지구촌의 사람 들과 더불어 살게 되는 것이지요.

　내 몸이 가는 곳에는 사물, 곧 물건이 있고 반드시 일이 뒤따르기 마련합니다. 물건으로는 음식물, 문방구, 컴퓨터 등 무수히 많은 것이 있습니다. 일이란 공부, 사업, 장사, 노동 등 사람이 무엇을 이루려고 어떤 장소에서 일정한 시간 동안 몸을 움직이거나 머리를 쓰는 활동을 말합니다.

　그러면 사람을 만나고 사물이나 일을 접할 때 어떻게 하여야 할까요? 잘하면 성공할 수 있고 잘못하면 실패할 수도 있습니다. 우리의 태도에

달려 있는 것이지요. 우연히 잘되는 경우는 없답니다.

퇴계 이황 선생님은 '경' 하는 삶을 살자고 말씀하셨습니다.

'경'은 무엇일까요? 우리들은 '경'보다는 '공경'이라는 말에 더 익숙합니다. 공경은 사람과 사물을 대하는 공손한 태도이며 상대를 우러러보는 조심스런 태도를 말합니다.

그러기 위해서 우선 마음을 한곳에 모아야 합니다. 항상 할 일에 대해서는 미리 고민하고 걱정하는 준비 과정이 필요합니다. 여유 있게 대비하는 것이지요. 일이 다 끝난 상태에서 그 결과를 가지고 걱정하는 것이 아니라, 어떤 일이 생기기 전에 자만하지 않고 매우 신중하게 준비하는 것은 이 세상의 모든 것을 우리 것으로 만들 수 있게 해 준답니다.

이처럼 사람에게는 존경과 공경으로 대하고 사물을 조심스럽게 대하는 태도가 바로 퇴계 이황이 중요하게 여기는 '경'이라는 것입니다.

만약 늙으신 부모님이나 할아버지와 할머니를 공경하는 마음으로 모시지 않는다면 어떻게 될까요? 또한 공장에서 물건을 만드는 일꾼들이 마음을 집중하지 않고 일한다면 어떻게 될까요?

늙으신 부모님이나 할아버지와 할머니는 고통을 겪다가 힘없이 돌아가실지도 모르고, 공장에서 만든 물건은 불량품이 되어 차라리 만들지 않은 것만 못하게 될지도 모릅니다. 우리가 하는 공부도 마찬가지입니다. 딴생각을 하면서 하는 공부와 마음을 집중해서 하는 공부는 그 결과의 차이가 클 것입니다.

이와 같이 우리가 살아가는 과정에서 취할 수 있는 태도로서 공경, 존경, 경건, 조심, 집중, 신중, 정성, 준비, 고민 등은 모두 퇴계 이황 선생님이 들려주는 '경'을 뜻하는 것들입니다. 이런 마음 자세가 있다면 우리는 이 세상의 모든 것을 이룰 수 있겠지요.

성인이 무엇이겠습니까? 이런 태도를 가지고 살아간다면 우리는 미래에 완성된 사람, 즉 성공한 사람이 될 것이며, 바로 이런 사람이 성인일 것입니다.

아무쪼록 퇴계 이황의 가르침을 현대에 적용하여 실천할 수 있다면, 그것이야말로 모방을 통해 진정한 인격 도야를 이루는 길이 될 수 있을 것입니다.

비 오는 토요일에
이명수

C O N T E N T S

프롤로그

한 낮의 태양이 제법 뜨거운 열기를 뿜어 댑니다. 성미 급한 아이들은 벌써 반소매 옷과 반바지를 입고, 입에는 아이스크림을 하나씩 물고 있습니다.

한아름 아파트는 지어진 지 꽤 오래 되었지만 아파트에 사는 사람들과 관리인 아저씨 모두 깨끗하게 잘 사용하고 관리해서 생각보다 낡아 보이지 않을뿐더러 아파트 한쪽에는 제법 그럴싸한 공터도 있습니다.

공터에는 농구대도 있고, 화단도 있어 학교에 다니는 아이들이 방과 후 끼리끼리 모여 놀 수 있는 장소인 동시에 아이들을 학교에 보낸 엄마들에게 오전 시간에 한가로이 모여서 이런저런 이야기를 나누는 장소가 되어 줍니다.

이제 3시가 조금 넘었으니 슬슬 사총사가 나타날 때가 되었습니다. 한

아름 아파트 사총사 현묵이, 자항이, 수환이, 승현이는 사실 성격으로 보나, 성적으로 보나 서로 비슷한 면이라고는 하나도 없는 아이들입니다. 모두 6학년으로 같은 학교에 다니고, 같은 아파트에 산다는 것을 빼고는 말입니다.

그런데 어떻게 친구가 되었냐구요?

그건 바로 사총사의 부모님들이 한아름 아파트 내의 배드민턴 동호회 창단 멤버들이셨기 때문입니다. 부모님들을 따라 배드민턴장에 가서 놀다가 우연히 하나 둘씩 만나 서로 친해지게 된 것입니다.

네 명의 아이들은 처음에는 서로가 비슷한 면도 없고 좋아하는 것도 다르다는 것을 확인한 후로 서로 데면데면하게 지냈습니다. 하지만 부모님들을 통해서 자꾸 만나게 되고 공터에서 마주치는 일도 잦아지자 자연스럽게 친구가 된 것입니다.

그렇다고 네 사람 모두가 서로 좋은 관계라고는 말할 수 없습니다. 여전히 만나면 잘 놀다가도 의견이 달라 때론 다투기도 하고, 자기주장만 펴며 서로 무시하고 가끔씩 주먹질도 합니다. 그런데도 방과 후에 어김없이 공터에 모이는 걸 보면 나름대로 서로에게 미운 정이 든 걸까요?

아! 저기 현묵이와 수환이가 옵니다. 역시 승현이는 조금 뒤처져 책을 읽으며 걸어오고 있습니다. 이제 자항이만 오면 되는데 다른 날은 빠른 발로 제일 먼저 공터에 도착해 있던 자항이가 오늘은 꼴찌입니다.

무슨 일이 있는 걸까요?

공부 파업

 안전하여 엄숙한 것이 경(敬)의 근본이다.

−퇴계 이황

1 주인 없는 돈

"야! 김범생! 너 그렇게 안 해도 범생인 것 다 알거든? 앞이나 똑바로 보고 걸으시지."

앞서 걸어가던 수환이가 기어이 승현이를 돌아보며 듣기 싫은 소리를 합니다.

"너나 제대로 앞 좀 보고 걸으시지? 너처럼 만화책이나 읽는 애야 이런 책엔 관심도 없겠지만, 이 책은 말이지……."

"됐다, 됐어! 또 시작이네 저 잘난 척. 너나 책 많이 읽고 나중에

서점이나 차려라!"

"하여튼 무식한 놈. 쯧쯧."

"어디서 똥개가 짖나? 야, 도토리묵, 네 귀에도 들리지?"

오늘도 어김없이 승현이와 수환이는 서로를 못마땅해하며 입씨름을 벌입니다. 그래도 예전 같았으면 수환이가 끝내 주먹이라도 한 방 날렸을 텐데 이제는 서로의 성격을 너무나도 잘 아는 터라 서로 미운 소리를 주고받는 것으로 끝을 냅니다.

그 사이에서 언제나 피곤한 건 현묵이입니다.

"너희는 지겹지도 않냐? 만나기만 하면……."

현묵이의 말이 끝나기도 전에 공터 저만치에서 자항이가 엄청난 속도로 아이들을 향해 달려오며 소리를 칩니다.

등에는 책가방을 그대로 맨 채 축구공, 축구화까지 등에 걸머지고도 어찌나 빠르게 뛰어오는지 마치 백 미터 달리기라도 하는 것 같습니다.

가방도 그대로 맨 채 달려오는 걸 보니 또 수업이 끝나고 축구를 하느라 집에도 못 들른 것 같은데, 저 체력의 한계는 도대체 어디까지인지 통 모를 정도입니다. 그런데 손에 무언가를 쥐고 흔들며 뛰어오는 자항이의 입이 귀에까지 걸려 있습니다.

"얘들아! 얘들아! 얘들아! 헉, 헉…… 아이고, 숨차라. 너희 엉아 손에 든 이게 뭔지 보이냐? 헉, 헉……."

"쳇, 용돈 받았다고 자랑하는 거냐? 유치하긴. 천 원짜리 몇 장 가지고."

"어허, 이수환 군! 이것이 보통 천 원짜리로 보이나?"

자항이의 너스레에 수환이는 그만 흔들어대는 자항이의 손을 붙잡고 천 원짜리 지폐를 뚫어져라 봅니다.

"보통 천 원짜리가 아니면, 여기엔 율곡 이이가 아니고 세종대왕이라도 그려져 있냐?"

"푸하핫! 뭐? 율곡 이이? 야, 이수환, 너 진짜 무식하구나. 천 원짜리 지폐 모델은 율곡 이이가 아니고 퇴계 이황이거든, 율곡은 오천 원, 세종대왕은 만 원!"

"야, 야! 알았어, 알았어. 범생이 너 잘났다 그래."

"너희들 2라운드 시작이냐, 또? 너희는 그만 좀 하고. 우자항! 그래, 그 돈이 뭐가 그렇게 특별하다는 건데?"

역시 이번에도 현묵이의 중재로 으르렁대던 두 사람은 2라운드를 마감합니다.

"야, 뭐야, 나 없을 때 너희들 또 붙었어? 자식들, 애정 싸움이 끝이 없어요, 끝. 자, 지금부터는 엉아가 이 지폐에 대해 이야기를 해 줄게. 아, 그러니까 말이지. 내가 학교에서 신나게 축구를 하는데 말이지. 오늘 내가 컨디션이 너무 좋았던지 전반전에만 두 골을 넣었단 말이지."

"어이, 우자항 선수. '말이지'는 좀 빼고, 경기 내용도 좀 빼고, 본론만 좀 말씀해 보시지."

축구 얘기만 나오면 앞뒤 사건을 다 잊고 흥분하는 자항이를 수환이가 진정시키며 이야기를 재촉합니다.

"아, 미안, 미안. 그런데 자네는 다 좋은데 성격이 너무 급해. 그러니까 내가 무려 세 골이나 넣어 우리 팀의 승리를 이끈 후 기쁜 마음으로 여느 때와 다름없이 학원에 가기 전에 나의 사랑하는 벗들을 만나기 위해 이 공터로 뛰어오고 있었단 말이지. 참, '말이지'는 빼고."

아무도 자항이의 수다와 축구 사랑을 막을 수는 없습니다. 언제쯤 본론이 나올까요?

"그런데! 공터를 백 미터쯤 앞둔 그때, 바로 내 예리한 두 눈에 이 천 원짜리 지폐 다섯 장이 얌전히 접힌 채 전봇대 아래에 떨어져 있는 게 보였단 말씀이야."

"야, 우자항. 결론은 그 돈이 주운 돈, 임자 없는 돈이란 얘기 아니야. 그 얘기를 이렇게 길게 하냐. 너도 참 대단한 재주다."

승현이가 고개를 절레절레 저으며 졌다는 시늉으로 두 손을 들어 보입니다.

"어허, 김승현 군. 내가 앞으로 이 오천 원으로 무엇을 할지를 들으면 자네가 그렇게 나올 수는 없을 텐데. 내가 지금 무척 목이 마르거든. 그래서 슈퍼에 가서 시원한 아이스크림을 사 먹을 건데 말이지. 너희들에게도 아이스크림을 하나씩 돌리고 남은 돈으로 게임방도 함께 가려고 했지. 어때? 나밖에 없지?"

자항이의 제안에 다들 별다른 얘기는 없지만 굳이 싫다고 할 이유가 없습니다. 어쨌거나 임자 없는 돈이고 아이스크림이 간절할 만큼 더운 날씨니까요.

"그런데 자항아, 그 돈 말이야. 주인을 찾아 줘야 하는 거 아닐까? 그 돈을 잃어버린 사람은 정작 써야 할 곳에 못 써서 애타게 찾고 있을 수도 있잖아."

갑작스러운 현묵이의 발언에 나머지 세 사람은 잠시 멀뚱하게 서로를 쳐다봅니다.

"에잇, 이 도덕 선생 도토리묵아! 너 때문에 김샜다. 인마."

자항이가 짐짓 화가 난 척 현묵이를 툭 칩니다.

"그래 뭐, 까짓 오천 원. 필요하면 난 아빠한테 달라고 하면 그만인데 뭐. 아이스크림도 집에 많이 있고."

승현이의 잘난 척에 수환이가 또 입을 삐죽대며 째려봅니다.

"좋아, 그럼 다들 동의한 거다? 다 같이 파출소에 가서 이 돈 주인 찾아 달라고 부탁하자. 학원 시간 전에 파출소에 들르려면 시간이 빠듯하겠는데."

현묵이가 시계를 보며 아이들을 재촉합니다.

2 수환이가 이상하다

"아! 내 아이스크림! 내 게임방! 내 테란!"

한아름 아파트 앞 파출소로 걸어가는 내내 자항이는 물거품이
되어 버린 아이스크림과 게임방이 못내 아쉬웠는지 '아이스크림!
게임방!'을 계속 외쳐댑니다.

"우자항, 그만 해라. 이렇게 해야 너 오늘 밤에 발 쭉 뻗고 잘 수
있을걸. 안 그리고 아이스크림 사 먹고, 게임방 가는 데 이 돈 쓰
면 넌 오늘 밤 악몽에 시달리느라 잠도 못 잘 거야."

현묵이의 이야기에 옆에 있던 수환이가 자항이를 놀리느라 두 팔을 앞으로 뻗고 흰자위를 보이며, '내 오천 원 내놔~ 내 오천 원 내놔~'를 속삭입니다.

"야, 야, 내가 무슨 오만 원을 그냥 쓰자고 했냐? 오십만 원을 그냥 쓰자고 했냐? 이 자식들이 나를 무슨 양심도 없는 사람으로 취급하네."

이렇게 서로 투닥거리는 동안 네 사람은 벌써 파출소에 도착했습니다.

"다 왔다! 그런데 얘들아, 죄 지은 것도 없는데 파출소 앞에 오니 왜 이렇게 심장이 쿵쾅거리는 걸까?"

자항이가 가슴에 손을 대어 뛰는 심장을 진정시키기라도 하듯이 토닥거립니다.

"네가 오천 원을 꿀꺽하려던 사실이 알려져서 혹시라도 감옥에 갈까 봐 그러냐?"

수환이의 말에 현묵이와 자항이는 배꼽을 잡고 웃습니다.

"야, 이수환! 파출소에 무슨 거짓말 탐지기라도 있냐? 그걸 어떻게 알겠냐? 그리고 우리 같은 미성년자는 감옥에 가는 게 아니고 청소년들만 따로 가는……."

"아, 그만 그만! 우리 벌써 학원 늦었다구! 정말 이러고들 있을 거야?"

이대로 두었다간 수환이와 승현이의 3라운드가 시작될 것 같아 현묵이는 서둘러 승현이의 입을 막습니다.

"그래 얘들아, 그래서 말인데, 사실 우리 네 명이 전부 다 같이 들어가서 얘기를 할 필요는 없지 않을까? 내가 화장실이 좀 급하기도 하고 생각해 보니까 학원 문제집도 집에 놓고 와서 집에 들렀다가 학원에 가야 할 것 같은데 말이지. 그러니까 돈은 그냥 너희가 주웠다고 하고 파출소에 맡기고 나와 주라. 나 이번에도 학원에 문제집 안 가져가면 왕마녀한테 죽음이야. 응? 미안하다, 얘들아! 뒷일을 부탁한다! 이따가 학원 끝나고 공터에서 다시 보자!"

자항이는 뒤도 안 돌아보고 아이들의 대답도 듣지 않은 채 벌써 저만치 멀어져 가고 있습니다. 아까 수환이의 말에 배꼽 빠지게 웃긴 했지만 혹시 정말 감옥에 가게 되는 건 아닐까 무서웠던 걸까요?

덩치는 중학생만 해서는 가끔 이렇게 아기 같은 면이 있는 자항이입니다.

"있지. 사실 나도 학원 늦은 거 엄마가 알면 무지 혼나거든. 미안한데 너희 둘이 다녀와라. 내가 학원 선생님한테는 너희 얘기 잘해 둘게. 이따 공터에서 보자!"

이런, 승현이도 슬금슬금 꽁지를 빼고 뛰어갑니다. 사실 승현이는 제 잘난 맛에 공부를 열심히 하기도 하지만 어디를 가나 아들이 최고이길 바라는 엄마 때문에 열심히 공부할 수밖에 없기도 합니다.

"뭐, 어쩔 수 없네. 자식들 좀 괘씸하긴 하지만 우리가 해결하자고. 들어가자."

현묵이와 수환이는 문을 빠끔히 열고 파출소 안으로 들어갑니다. 생전 처음 들어와 본 파출소는 아이들이 생각했던 것만큼 크지 않습니다. 아담한 크기에 앉아서 일을 보시는 경찰관 아저씨들이 하나, 둘, 셋, 넷 …… 총 네 분이 계십니다.

"무슨 일로 왔니?"

현묵이와 수환이가 문 앞에서 쭈뼛거리고 있자 경찰관 아저씨 한 분이 묻습니다.

"저, 저희는 한아름 아파트에 사는 아이들인데요, 저, 지금 이 자리에는 없지만 저희 친구 중에 자항이라는 애가 있는데요, 그 애가 오늘 학교에서 돌아오는 길에 이걸 주웠다고 해서요."

경찰관 아저씨들 모두가 자기를 쳐다보는 것 같아 얼굴이 화끈거린 현묵이는 얼른 말을 마치고 천 원짜리 다섯 장을 경찰관 아저씨께 내밉니다.

"응, 그래?"

지폐를 받아 든 경찰관 아저씨가 손으로 한 장씩 한 장씩 지폐를 세어 봅니다.

"그래서 주인을 찾아 달라고 가지고 온 거구나. 기특하네? 음, 그런데 말이다."

경찰관 아저씨가 말을 마치고는 미간을 살짝 찌푸리시며 다시 돈을 쳐다봅니다.

"얘들아, 아저씨 생각에는 너희들이 이 돈을 그냥 써 버렸을 수도 있었을 텐데 가져와서 주인을 찾아 달라고 하는 것을 보니, 너희라면 이 돈을 가치 있는 일에 쓸 수 있을 것 같구나. 사실 액수가 적은 돈의 경우 주인을 찾아 주기도 어렵고 해서 아저씨들은 이런 돈을 모아 불우이웃돕기 성금으로 내곤 한단다."

아저씨의 말을 들은 현묵이와 수환이는 잠시 생각에 잠겼고, 현묵이가 먼저 입을 열었습니다.

"그럼 이 돈도 불우이웃돕기에……."

"잠깐, 알겠어요 아저씨, 이 돈은 저희가 알아서 좋은 일에 쓸게요."

파출소를 나온 수환이의 손에는 경찰관 아저씨에게서 다시 돌려받은 오천 원이 들려 있습니다. 현묵이는 물끄러미 수환이를 쳐다봅니다.

"오현묵, 너 특별히 이 돈을 어디에 쓸지 생각나는 거 있어?"

"응? 아니 뭐, 특별히……."

"그럼 이 돈은 나한테 맡겨라. 내가 좋은 일에 쓸게. 괜찮지? 그 대신 승현이랑 자항이한테는 얘기하지 말고. 엇! 우리 학원 엄청 늦었다. 얼른 뛰어 가자!"

수환이는 말이 끝나기가 무섭게 오천 원을 바지 주머니에 찔러 넣고는 먼저 달리기 시작합니다.

현묵이는 잠시 멍하니 수환이의 뒷모습을 쳐다보며 서 있습니다.

'도대체 어디에 쓰려는 거지? 왜 승현이랑 자항이한테는 얘기하지 말라는 거지?'

현묵이는 머릿속이 복잡해서 터져 버릴 것 같습니다.

'설마 수환이가? 아니야, 그럴 리 없어. 수환이는 그런 애가 아

니야! 부당한 이익이 생기면 정의를 생각하라고 논어에서 읽었는데, 그것이 문제로다.'

"야! 이수환! 같이 가!"

현묵이는 애써 머리를 흔들며 저만치 앞서 가는 수환이를 따라 이미 한참 늦은 학원으로 뛰어갑니다.

3 학원 가기 싫어요!

이제 정말 여름인가 봅니다. 다른 때 같았으면 해도 이미 기울고 공터에 아이들도 뜸할 시간인데 아직도 하늘이 훤합니다. 저녁 먹고 나온 아이들이며 산책하는 가족들과 강아지들로 한아름 아파트 공터는 대낮 같습니다.

약속대로 학원이 끝나고 현묵이와 수환이는 다시 공터로 향합니다. 학원 수업을 하나만 듣는 자항이는 먼저 집에 가서 저녁을 먹고 나올 것이고, 역시 학원 수업은 하나만 듣고 과외를 들으러 집으로 먼저 간 승현이도 과외가 끝나면 공터로 나올 것입니다.

현묵이는 아직 낮에 수환이의 행동에 대해 궁금한 것이 남아 있어 마음이 찜찜하지만 수환이는 아무 일 없었다는 듯 왕마녀 영어 선생님 이야기며, 학교보다 진도가 빨라 따라가기 힘든 수학 시간 이야기에 열을 올리고 있습니다.

"어허, 뛰어오지 못할까? 감히 엉아를 20분이나 기다리게 하다니!"

일찌감치 나와서 기다리고 있던 자항이가 두 사람을 보자 공터가 떠나가라 소리를 지릅니다. 옆에는 승현이가 평소같이 책을 읽으며 앉아 있습니다.

"일찍 나왔네?"

현묵이와 수환이가 먼저 와 있던 두 사람 옆에 같이 앉습니다.

"내 오천 원은 파출소에 잘 맡겼고? 응?"

앉자마자 자항이가 다그치듯 묻습니다. 지금까지 궁금해서 어떻게 참고 있었을까요?

"응? 어, 그게……."

"그럼, 잘 맡겼지. 기특하다고 칭찬도 받았고."

현묵이가 머뭇거리자 수환이가 나서서 이야기합니다.

자항이는 아쉽다는 듯 한숨을 한 번 쉬고는 그래도 맘은 편하다며 씨익 웃습니다.

"아아! 그나저나 이 엉아는 정말 피곤해서 죽겠다. 학교 수업 받고, 축구에만 모든 정열을 쏟아도 제2의 박지성이 될까 말까인데 학원 수업까지 들어야 하니 내가 정말 늙는다, 늙어. 에휴~."

자항이의 손짓 발짓이 섞인 너스레에 아이들은 한바탕 신나게 웃습니다.

"축구에 쏟는 정열을 조금만 줄이고 학원 수업 시간에 졸지나 않으면 왕마녀한테도 안 찍힐 거고, 그럼 지금보다 훨씬 덜 피곤할 거란 생각은 안 해 봤냐? 가뜩이나 살벌한 왕마녀 수업 시간인데 너 땜에 다른 애들까지 긴장 상태로 만들지 말고."

"수환이 말도 일리는 있다. 근데 자항이 말처럼 학교 수업 들으랴, 학원 진도 따라가랴 진짜 머리가 아프긴 해."

"야, 도토리묵! 그래도 너는 엉아보다는 공부가 좀 되잖냐? 엉아는 어차피 나중에 훌륭한 축구 선수가 될 건데 사실 이렇게까지 공부를 해야 하는 이유를 모르겠단 말씀이다. 김승현이야 공부가 세상에서 제일 쉬운 애니까 두말할 필요도 없지만. 안 그러냐 김승현?"

승현이는 이제껏 아이들의 얘기에는 별 관심 없다는 듯 책을 보고 있다가 이제야 천천히 책을 덮으며 입을 엽니다.

"솔직히 공부가 어렵진 않아."

"우우!"

승현이의 대답에 기다렸다는 듯이 아이들이 장난스럽게 야유를 보냅니다.

"그런데 사실 가끔은 내가 뭣 때문에 이렇게 공부를 하는 건지 잘 모르겠어."

"뭣 때문은 무슨! 당연히 좋은 대학 들어가고 졸업해서 좋은 회사 들어가 돈 많이 벌고 짱 멋진 차도 사고, 집도 사고, 그러려고 하는 거지."

"야, 우자항, 그렇게 잘 아는 애가 왜 공부는 안 하고 축구만 하는 건데?"

"우쒸, 이 도토리묵아!"

자항이는 현묵이에게 헤드락을 하며 항복을 받아 냅니다. 그런데 잠시 조용하던 수환이가 제법 진지한 목소리로 말합니다.

"우리도 어른들처럼 파업 같은 거 하면 안 되나? 어른들은 자기들 주장이 안 먹히면 일 안 하고 파업하면서 시위하잖아."

"오호, 그러니까 우리도 공부 파업 띠 두르고 학교 정
문 앞에서 시위를 하자고? 야, 이수환! 너 학교 짤리
고 싶냐? 얘가, 얘가 이렇게 철이 없어요. 정문
에서 시위를 하기 전에 전교생이 다
함께 파업에 동참하도록 아이들을
꼬시기부터 해야지!"

"으이구, 우자항! 이수환! 둘 다 똑같아요. 뭐 말이 되
는 소릴 해야 맞장구라도 쳐주지. 난 그만 들어갈래.
너무 늦었다. 내일 숙제도 해야 하고, 책도 마저 봐야
하고. 나 먼저 간다!"

승현이가 서둘러 자리를 털고 일어납니다. 조금 전에 약간은 우
울한 표정으로 뭣 때문에 공부를 하는 건지 모르겠다던 승현이는
사라지고 다시 잘난 척하는 승현이로 돌아온 것 같습니다.

다른 아이들도 모두 시계를 한 번씩 쳐다보고는 아쉬운 듯 느릿
느릿 벤치에서 엉덩이를 떼고 일어납니다.

'공부 파업'

집으로 돌아오는 길에 현묵이 머릿속에는 '공부 파업'이라는 말이 계속 맴돕니다. 낮에 있었던 수환이와 오천 원 사건은 이미 잊은 것 같습니다.

'공부 파업'

현묵이는 오늘 잠자기 전에 아빠와 이런저런 이야기를 나누며 과일을 먹는 시간에 공부 파업에 대해 친구들과 나눈 이야기를 말씀드려야겠다고 생각합니다. 아빠와 현묵이는 못할 이야기가 없는 사이니까요.

올바른 생각과 마음가짐

만약 어린이 여러분이 오천 원을 주웠다면 어떻게 하시겠어요? 한 번 생각해 보시겠어요? 생각하는 일은 매우 중요하답니다. 생각하는 것과 마음먹는 일은 모두 같은 것이랍니다. 무엇을 생각하고 어떻게 마음먹느냐가 매우 중요한 일입니다.

밥 먹을 생각하기, 놀 생각하기, 잠잘 생각하기, 학교에 갈 생각하기, 심부름 할 생각하기, 나쁜 일 할 생각하기 등 생각은 무수히 많을 수 있습니다. 우리 몸을 움직이기 전에 반드시 생각을 먼저 하기 마련입니다. 때로는 어떤 생각을 실천에 옮길 때, 이것이 걱정거리가 되기도 합니다. 나쁜 일을 할지도 모르기 때문이지요.

그래서 퇴계 선생님은 우리에게 아홉 가지로 생각할 것을 권했답니다.

볼 때는 분명하게 볼 것을 생각하고,
들을 때는 분명하게 들을 것을 생각하고,

얼굴빛은 온화할 것을 생각하고,

태도는 공손할 것을 생각하고,

말은 진실할 것을 생각하고,

일은 경건하게 할 것을 생각하고,

의심나면 물을 것을 생각하고,

성을 낼 때는 나중의 어려운 일 당할 것을 생각하고,

이익을 접하면 정의를 생각한다.

그중에 우리가 특히 염두에 두어야 할 것은 '일을 경건하게 할 것을 생각하기' 와 '이익을 접하면 정의를 생각하기' 입니다. 정의는 하늘이 우리에게 내려 준 사명이지요.

몸 가는 곳에 마음이 가고 마음 가는 곳에 몸이 간답니다. 우리 몸은 마음과 서로 떨어져 있지 않기 때문입니다. 중요한 것은 마음가짐을 잘하고 올바르게 생각해야 그 결과가 좋다는 것입니다.

난초 꽃은 홀로 향기롭다

학문에 게으르면 근심하여 격려하였고 부추겨 교화하기를 한결같이 정성으로 하였다. 그리하면 교훈을 받는 사람이 감격하여 분발하지 않을 수 없다.

－퇴계 이황

1 명륜당을 가다

토요일 오후, 공터에 모인 사총사의 떠드는 소리가 한아름 아파트에 쩌렁쩌렁 울립니다. 오늘은 뭐가 그리 신이 났는지 네 아이들의 얼굴이 다른 날보다 훨씬 밝아 보입니다.

"현묵아, 너희 아빠 오시려면 아직 멀었냐? 오늘 우리가 가는 데가 어딘지 정말 요만큼도 얘기를 안 해 주셨어? 응?"

자항이는 안달 난 사람처럼 일 분마다 시계를 쳐다보며 현묵이에게 묻습니다.

"야, 우자항, 지금 그게 중요한 게 아니지. 중요한 건 우리가 이제 학원을 안 다녀도 된다는 거 아니냐. 와! 난 엄마, 아빠가 그 얘기를 하는 순간, '내가 아직도 잠에서 안 깬 건가' 하고 생각했다니까."

"이수환, 정확히 말해서 학원을 안 다녀도 된다는 건 아니었지. 우리가 정말 필요성을 느껴서 다시 다니겠다고 말할 때까지 쉬어도 좋다는 거였지. 그 대신 우리 아빠랑 주말마다 어딘가를 가는 조건으로 말야."

"아무튼, 아무튼! 나 우자항! 누군가 내 입을 비틀어도 절대 내 입으로 먼저 학원에 가겠다는 이야기는 안 꺼낸다!"

아이들이 공부 파업에 대해 이야기를 하던 그날, 현묵이에게 이야기를 들은 현묵이 아버지는 깊은 생각에 잠겼습니다. 그리고 다음 날, 아이들의 부모님들과 함께 모인 자리에서 한 가지 제안을 하셨던 것입니다. 공부 파업이라는 이야기가 나올 정도로 아이들이 스트레스를 받고 있다는 것에 대해 부모님들은 적잖이 놀라셨습니다. 그리고 현묵이 아버지의 제안대로 아이들이 스스로 공부를 하고 싶다는 이야기를 할 때까지 아이들을 현묵이 아버지에게 맡기기로 한 것입니다.

"어, 아빠!"

저쪽에서 현묵이 아버지가 아이들에게 손짓을 합니다.

"와! 아저씨, 이 은행나무 엄청 커요. 이 나무 한 그루면 집 한 채 짓고 덤으로 강아지 집까지 지을 수 있겠는데요?"

자항이의 이야기에 현묵이 아버지와 아이들 모두 한바탕 신나게 웃습니다. 아이들은 지금 현묵이 아버지가 교수님으로 계시는 성균관 대학교에 와 있습니다.

어디로 가는지 모른 채 신나게 나섰던 아이들은 사실 조금 실망을 했습니다.

'좋은 대학 들어가려면 공부 열심히 해야 한다' 뭐, 이런 이야기를 하시려고 여기로 데려온 건 아닐까 하고 생각하니 김이 샐 만도 했습니다.

그런데 현묵이 아버지는 아직 이렇다 할 말씀 없이 아이들을 큰 은행나무가 여러 그루 있는 학교 안의 문묘라는 곳으로 데리고 갔습니다.

문묘는 글을 가르쳐 준 스승을 모시는 곳으로 이곳에 공자와 그의 제자들이 모셔져 있다고 합니다.

그중에서도 '명륜당'이라는 곳은 교육을 받는 공간이었고, 당시

학생들의 기숙사를 가리켜 '성균관'이라고 불렀다고 합니다.

"너희들 퇴계 이황 선생님에 대해 들어본 적 있니?"

아저씨의 질문에 역시 잘난 척 대왕 승현이가 입을 엽니다.

"네, 이름은 이황, 호는 퇴계, 1501년에 경북 안동에서 태어났고, 아버지가 일찍 돌아가셔서 홀어머니와 함께 지냈지요. 12살 때부터 논어를 배우기 시작했고, 평생을 높은 벼슬자리에 오르기보다는 학문에 전념할 수 있기를 바라던 선비였어요."

"잘났어, 정말."

수환이가 조그만 소리로 삐죽대며 말합니다.

"그래, 승현이가 많이 알고 있구나. 바로 그런 퇴계 선생님께서 52세에 이곳 성균관 대사성에 임명이 되셨는데 지금으로 말하면 성균관 대학교 총장쯤 된다고 할 수 있지."

그때는 성균관이 우리나라에 하나 밖에 없는 국립대학이었으니까 퇴계 이황은 조선 시대 최고의 스승으로 존경받았던 것입니다.

"와! 멋지다. 매우 열공하셨나 봐요. 아차, 열심히 공부하셨나 봐요."

자항이가 머쓱하게 머리를 긁적입니다. 아저씨는 그저 껄껄 웃으십니다.

"그런데 아저씨, 도대체 공부가 뭔가요? 왜 해야 되는 거죠?"

잠자코 있던 수환이가 짐짓 심각하게 묻습니다.

"글쎄, 그 대답은 아저씨가 아니라 너희 스스로가 찾아야 할 것 같은데? 너희들 '사군자'라는 말을 들어 봤니?"

"네? 사군자요? 신인 그룹인가요? 헤헤, 농담이에요. 어디선가 들어 본 것 같긴 한데 뭔지는 잘 모르겠어요."

"야, 우자항! 그것도 농담이라고. 사군자는 매화, 난초, 국화, 대나무를 말하고, 예부터 성인들은 이 식물들이 사람이 가져야 할 인품을 지녔다고 해서 그림이나 시를 짓는 소재로도 많이 사용했다고 들었어요."

이번에도 승현이가 또박또박 대답합니다.

"또, 잘난 척."

"수환이네는 부모님이 꽃집을 하시니까 이 꽃들을 많이 봤겠구나?"

승현이의 대답에 수환이가 또 입을 삐죽거리자 현묵이 아버지가 수환이에게 물으십니다.

"네? 아, 네. 그런데 저희 집엔 난초와 국화, 매화는 파는데 대나무는 없어요. 요즘은 불경기라 꽃을 사는 사람들도 많지 않고요."

수환이가 살짝 말끝을 흐립니다. 사실 수환이네는 한아름 아파트 입구에서 작은 꽃집을 합니다. 그리고 한아름 아파트에서 가장 작은 평수가 모여 있는 가장 작은 단지에 삽니다.

그래서 아이들끼리 부자 단지라고 부르는 가장 큰 평수의 아파트에 사는 승현이와 처음에는 그것을 가지고 장난으로 얘기하다가 결국 다투기까지도 했습니다.

그런 수환이네가 요즘 불경기라 장사가 잘 안 된다고 하자 현묵이는 잊고 있었던 오천 원 사건이 퍼뜩 떠오릅니다. 어쩐지 요즘들어 군것질도 많이 줄고, 같이 게임방에 가자고 하는 일도 거의 없었던 것이……

'아, 그래서 혹시 수환이가?'

"응, 그렇구나. 하지만 수환이네 부모님은 성실하시고 부지런하시니까 금세 좋아지실 거다."

현묵이 아버지는 이렇게 말씀하시며 수환이의 어깨를 다독거렸습니다.

2 뽐내는 공부는 하지 마라

"그래, 승현이의 말처럼 꽃 중에 사군자가 있듯이 사람에도 군자가 있단다. 한번 들어 보겠니?

깊은 산 수풀이 무성한 가운데 한 떨기 난초 꽃이 피어 있네. 하루 종일 맑은 향기를 토하지만, 자신은 그것이 향기로운 것인지를 모른다네.

이렇듯 군자는 남이 알아주는 것과 상관없이 자신을 위하여 공부한다네.

"맞아요, 전에 어른들과 같이 산에 갔을 때, 너무 힘들어서 '이런 걸 왜 하나?' 하며 혼자 뒤처져서 오르는데 어디선가 난초 꽃 향기가 나는 거예요. 아무리 둘러봐도 난초 꽃은 보이지 않는데 말이죠. 그런데 한참을 찾아보니 무성한 수풀 속에 난초 꽃 한 떨기가 피어 있는 거예요."

수환이는 신이 나서 이야기를 하고 나머지 아이들도 '그런 일이 있었나?' 하는 눈으로 수환이를 봅니다.

"그래, 수환이 말이 맞다. 산길을 걷다가 우연히 발견하게 되는 난초 꽃은 더욱 아름답지. 아무도 보아

주지 않아도 난초 꽃은 자
신도 모르게 향기를 내뿜는
거란다. 퇴계 선생님도 세상의 도
리를 보아 이미 밝으셨으나, 아직 보
지 못한 것처럼 바라보았고, 덕은 이미
높았으나 그렇지 않은 것처럼 겸손하셨단다.
죽을 때까지 보다 높은 경지를 향해 노력하였으나
항상 마음을 가다듬기를, 성인을 배우다가 이르지 못할지언
정 한 가지 장점으로 이름을 빛내려 하지 않으셨지. 그래서 세상

사람들 중에 자부심이 너무 지나친 자를 보면 매우 그르게 여기셨고, 반드시 경계해야 한다고 말씀하셨단다."

현묵이 아버지 말씀에 귀를 쫑긋 세우고 듣던 아이들이 갑자기 흘긋거리며 승현이를 쳐다봅니다.

자항이와 수환이는 대 놓고 씨익 웃기까지 합니다.

"뭐야, 너희들 왜 나를 봐?"

"글쎄, 왜 일까? 무엇 때문인지는 모르겠는데 속은 시원하네, 왜 일까?"

수환이와 자항이는 다시 서로를 보며 키득거립니다. 그동안 승현이 때문에 쌓인 게 많았는데 왠지 퇴계 선생님의 말씀이 마음에 쏙 듭니다.

"아저씨, 전 솔직히 얘네들보다 공부도 잘하고 평소에 책도 많이 읽어요. 그래서 제가 알고 있는 것을 얘기하는 것뿐인데 그게 뭐 나쁜가요?"

"우~"

승현이가 발끈하여 이야기하자 아이들이 일제히 '우~' 하고 야유를 보냅니다.

"하하하, 그래 승현이 말에도 일리는 있지. 누구나 내가 알고 있는 것을 남에게 말하고 싶어 하는 마음은 다 있으니까 말이다. 공부를 하다가 무언가를 좀 알아내면 뽐내고 싶고, 남에게 졌다고 생각하면 속상하고, 그게 모두 자존심 때문인데 그러다 보면 정말 깊이 있는 공부는 하기가 힘들어지겠지? 생각하는 시간을 충분히 갖지 않고 섣부른 지식만 늘리고 빠른 성과를 얻기 위해 공부를 한다면 오랜 시간이 흐른 뒤에는 그것이 쓸모없는 것이 될 수도 있는 거란다. 진정으로 이루어 놓은 것도 없이 말이지. 모든 사람들의 공부하는 목적이 얕은 지식을 가지고 사람들로부터 명예만을 얻기 위한 것이라면 우리 인류의 미래는 과연 어떻게 될까?"

현묵이 아버지의 이야기에 승현이와 아이들이 모두 골똘히 생각에 잠깁니다. 큰 스승 같은 은행나무들도 아이들을 자애로운 눈으로 내려다봅니다.

"아! 그럼 답은 나왔네요! 무엇인가를 이루는 것! 아는 척하기 위해서가 아니라 무엇인가를 이루기 위해 공부를 하는 것이다! 맞죠?"

자항이가 갑자기 벌떡 일어나 소리를 치는 바람에 모두들 놀랍니다.

"하하, 그래 자항이가 놓치지 않고 이야기를 잘 들었구나. 바로

미래에 무엇인가를 이루기 위해 우리는 공부를 하는 거란다. 그리고 그 무언가를 이루기 위해서는 반드시 뜻을 세우고 그것을 근본으로 삼아야겠지. 아무런 목적과 의지도 없이 꿈을 이룰 수는 없는 거니까 말이다."

자항이는 으쓱해하며 아이들에게 손가락으로 브이 자를 그려 보입니다.

"그런데 아저씨, 제 꿈은 박지성 선수 같은 최고의 축구 선수가 되는 거예요. 그래서 공부보다는 축구 연습을 더 많이 하고 싶은데 도통 시간이 안 나요."

"그래, 자항이는 축구 선수가 꿈이라고? 그런데 자항이는 축구 선수가 그저 공만 잘 차면 된다고 생각하니? 모든 운동경기에도 여러 가지 기술들과 다양한 전술이라는 게 있지. 그런 것들은 모두 충분한 이론과 지식을 가져야만 나오는 것이고, 평소에 책도 많이 읽고, 공부도 열심히 해야만 기술을 습득하는 이해력과 실전에 옮길 수 있는 응용력이 길러질 수 있겠지?'

자항이는 자기가 좋아하는 축구 얘기가 나오자 입까지 헤~ 벌려 가며 이야기를 듣습니다.

"자항이가 시간에 대한 이야기를 하니 중국 송나라 때 유명한 학자였던 주희의 권학문이 생각나는구나. 지금 너희들이 들으면 딱 좋을 만한 글인데 들어 보고 마음에 깊이 새기면 좋을 듯싶구나.

'오늘 배우지 않고서 내일이 있다고 하지 말며, 올해 배우지 않고서 내년이 있다고 하지 마라. 하루가 가고 한 달이 흘러 세월은 나를 위해 더디 가지 않는다.

아! 늙었나 보다. 이 누구의 허물인가?'"

3 쉬운 '경(敬)' 공부

"이제 우리가 왜 공부를 해야 하는지는 알겠어요. 그런데 아빠, 정말 중요한 건 '어떻게 해야 하느냐'인 것 같아요. 승현이 만큼은 아니지만 저도 공부가 중요하다고는 생각해요. 그런데 평소에 책상 앞에 앉으면 20분을 넘기지 못하고 엄마를 따라 시장에도 가고 싶고, 용산에 가서 게임 CD도 구경하고 싶어 쉽게 집중을 할 수가 없어요."

현묵이가 평소에 아빠에게 한 번도 하지 않았던 이야기를 꺼냄니다.

"그건 나도 그래. 나도 공부만 하려고 하면 축구공이 어른거려서……."

"하하하, 현묵이와 자항이에게는 '경' 공부가 시급하구나."

"'경' 공부요? 영어도 해야 하고, 수학도 해야 하는데 '경' 공부까지 해야 한다고요? 정중히 사양하겠습니다."

자항이가 손사래를 치며 머리를 흔듭니다. 그 모습에 아이들도 현묵이 아버지도 한참을 웃습니다.

"'경' 공부는 다른 게 아니란다. 한곳에 집중해서 딴 생각이 들지 않도록 하는 것을 말하는 거지."

"아! 잡념이 없는 것! 정신일도하사불성!"

"오! 자항이가 그런 말도 아는구나."

"그럼요, 저희 학원에 왕마녀 선생님께서 그 큰 몽둥이를 휘두르시며 '마음을 한곳에 쏟으면 무슨 일인들 못할까! 정신일도하사불성! 이놈아!' 하시는 걸 많이 들었어요."

"그래, 자항이 말이 맞다. 아저씨가 말하려고 하는 것도 그런 뜻이지. 그런데 혹시 너희들 '주일무적(主一無敵)'이라는 말은 들어 봤니?"

네 명의 아이들은 잠시 골똘히 생각에 잠깁니다.

　"아, 알겠어요! '주일' 은 교회에 가는 날이고 '무적' 은 적이 없
다는 말이니까 '주일에는 적이 없다!' 맞죠?"

　역시 자항이 다운 대답입니다.

　"하하하, 또 다른 생각을 가지고 있는 사람은?"

　"음, 주일은 '주인은 하나다' 라는 뜻 아닌가요? 주인이 하나면
적이 없다!"

　만만치 않은 수환이의 대답입니다.

"야, 야! 그만들 해라. 나도 그게 무슨 뜻인지는 잘 모르겠지만 그 두 가지는 다 아닌 것 같다."

승현이가 한심하다는 듯이 두 사람의 맘대로 하는 한자 풀이를 중지시킵니다.

"오, 김승현이 모르는 것도 다 있네?"

그새를 놓치지 않고 수환이가 기어이 한마디를 합니다.

"하하, 그래 애들아. 조금 어려운 말이지? '주일무적(主一無適)'은 주도할 주, 하나 일, 없을 무, 갈 적. 즉 한 가지에 주력하여 이리저리 생각이 흩어져 가지 않음을 말한단다. 바로 이것이 '경'을 실천하는 방법이란다. 그래서 퇴계 선생님께서는 비록 뜻을 세웠다 하더라도 경을 실천하여 그 뜻을 붙잡지 않는다면 마음이 들떠서 중심을 잡지 못하며 하릴없이 세월만 보낼 것이니 결국은 빈말이 되고 말 것이리고 하셨단다. 그런데 자항이 꿈이 축구 선수인건 알았으니 다른 친구들 꿈이 뭔지도 좀 들어 볼까?"

현묵이 아버지의 질문에 나머지 세 명의 아이들은 갑자기 표정이 밝아져서 목소리 높여 얘기합니다.

"저는 선생님이요! 아빠처럼 교수님이 되어도 좋지만 전 저 같은 초등학생을 가르치는 선생님이 더 좋은 것 같아요."

"전 제빵사요! 맛있는 빵 많이 만들어서 돈 많이 벌어 엄마, 아빠 꽃 가게도 크게 차려 드리고 싶어요."

"저는…… 저는 수의사요. 엄마는 아빠처럼 의사가 되라고 하시는데 전 동물이 좋아요. 그래서 꼭 수의사가 되고 싶어요. 요즘 읽는 책도 다 동물에 관한 책이고요."

아이들은 저마다 꿈을 이야기하며 기분이 좋아지는 것을 느낍니다. 자신이 꿈꾸는 미래의 모습을 생각하니 절로 입가에 미소가 지어집니다.

"그래. 모두들 멋진 꿈을 가지고 있구나. 이제 각자 이렇게 뜻을 세웠으니 앞으로 너희 생활 속에서 늘 주어진 일을 조심스레 삼가며 집중하는 '경'을 실천하고 열심히 임한다면 꿈이 무엇이건 간에 작게는 그 꿈을 이룬 너희가 행복할 것이고, 크게는 우리 인류 전체에게도 큰 도움이 될 수 있겠지?"

"우리가 각자의 꿈을 이루려고 노력하면 그것이 인류 전체에게도 도움이 된다고요? 와! 그거 진짜 멋지네요! 나비 효과 같아요!"

"나비 효과? 쟤는 수의사 된다더니 나비한테도 관심이 많은가 봐."

모두들 자항이의 엉뚱한 소리에 다시 한 번 신나게 웃습니다.

"으이구, 나비 효과는 우리가 한 어떤 일이 생각지도 못한 곳에 영향을 미치게 되는 걸 말하는 거야."

"어라, 김승현 군! 아까 퇴계 선생님 얘기 벌써 잊었냐? 뽐내는 공부는 하지 마라!"

"야, 네가 오죽해야 말이지!"

자항이와 승현이는 장난스럽게 서로의 목을 잡고 흔들어 댑니다.

"하하하, 그래. 우리 하나하나는 아주 작은 존재이지만 각자가 자신의 꿈을 이루기 위해 집중하여 노력한다면 이루지 못할 것이 없는 거란다. 그나저나 너무 집중했더니 아저씨는 배가 출출한데 너희들은 어때니? 학교 근처에 아저씨가 잘 아는 중국집이 있는데……."

"와! 저희도 배고파요!"

아이들은 일제히 환호성을 지릅니다. 열심히 집중하여 공부하는 방법을 배우니 자장면을 먹게 되었습니다. 이런 것도 나비 효과일까요?

참 공부

공부는 어떤 이치나 원리를 보다 정확하게 찾아내기 위한 것이랍니다. 그러기 위해서는 수많은 자료를 모으고 공부해서 내 마음속에서 완전하게 터득하여야 합니다.

이때 섣불리 공부하거나 연구해서 그 결과를 남에게 자랑을 하거나 뽐내려는 생각을 한다면 일을 그르치고 말 것입니다.

사람들은 자신의 실력을 남에게 으스대려고 공부하기 쉽습니다. 별 것도 아닌데 큰 것을 발견한 것처럼 난리 법석을 떠는 사람도 있지요.

퇴계 선생님은 산속에 핀 난 꽃처럼 남이 보아주지 않아도 홀로 열심히 공부하여 아름다운 인격을 완성할 것을 우리에게 당부하고 있습니다. 남에게 뽐내기 위하여 하는 공부는 남에게 자랑할 것을 염두에 두기 때문에 수박 겉핥기식의 옅은 공부가 될 수 있답니다. 반면에 나를 되돌아보는 차분한 공부는 배움의 깊이가 있어서 자신에게는 물론 이 세상에 이바지하는 공부가 될 수 있답니다.

배는 물 위로 간다

 배우는 사람은 모름지기 심신을 수련해야 한다.

-퇴계 이황

1 수환이가 또 왜 그래?

"엄마! 엄마! 베이킹파우더가 빠졌어요! 참, 설탕도요! 빨리요, 빨리!"

현묵이의 등교 시간이 왁자지껄한 걸 보니 또다시 일주일이 지나 토요일을 맞이한 모양입니다. 토요일은 학교에서 재량 수업이 있는 날로, 각 학급마다 선생님과 아이들이 재량껏 원하는 것을 정하여 수업 대신 다른 것을 공부할 수 있는 날입니다.

현묵이네 반은 지금까지 가까운 공원에 나가 그림도 그렸고, 각자 연주할 수 있는 악기를 준비해 즉석 공연도 하였습니다. 그런데 오늘은 준비물을 보니…….

"엄마! 빨리요, 빨리!"

"아니, 오늘은 뭘 하길래 우리 현묵이가 이렇게 준비물을 한 보따리 챙겨 가니?"

현묵이 아버지는 아침부터 들뜬 목소리로 서두르는 현묵이를 보자 빙그레 웃으며 물으십니다.

"오늘은 각 조별로 빵을 만들기로 했어요. 재료도 조별로 준비해 오고, 급식해 주시는 아주머니께서 식당 오븐에 빵 넣는 것도 도와주시기로 했어요. 어제 인터넷에서 빵 맛있게 만드는 법을 찾느라 얼마나 고생했는데요! 분명 우리 조가 만든 빵이 제일 맛있게 될 거예요! 어? 저 늦었어요! 아빠, 그럼 이따가 친구들이랑 같이 공터에서 만나요. 다녀오겠습니다!"

그러고 보니 오늘은 지난주에 이어 사총사가 현묵이 아버지와 갖는 두 번째 특별한 토요일이기도 합니다. 하늘로 날아갈 듯이 신이 나서 달려가는 현묵이를 부모님은 흐뭇하게 바라봅니다.

"야, 야, 김승현! 넌 공부는 몰라도 빵 만드는 데는 영 소질이 없구나. 밀가루가 잘 섞이게 해야지. 허연 가루가 그대로 있잖아.

야, 우자항! 지금 만두 빚냐? 자고로 음식은 입으로 먹기 전에 눈으로 먼저 먹는 법이야. '보기 좋은 떡이 먹기에도 좋다'는 말 몰라?"

"우씨! 야, 이수환! 이게 빵이지 떡이냐? 너 아는 분야 나왔다고 너무 큰소리 뻥뻥 치는데, 어차피 입속에 들어가면 다 그게 그거야. 모양은 무슨."

제빵사가 꿈인 수환이는 오늘 제 물을 만난 물고기처럼 신이 나서 여기저기 참견을 하며 빵을 만듭니다.

"와! 도토리묵! 너 뭔가 잔뜩 준비해 오더니 제법이다. 진짜 맛있겠는데?"

"그럼, 내가 이거 준비하느라 어제 밤새 인터넷을 얼마나 뒤졌는데. 두고 봐라, 이수환! 내가 만든 빵 때문에 우리 조가 1등 할 테니까."

다양한 모양과 색깔을 가진 빵 반죽들이 오븐 안으로 들어갈 순간만을 기다리며 조리 탁자 위에 가지런히 준비되었습니다. 아주머니의 도움으로 오븐 안으로 반죽이 들어가고, 아이들은 저마다 자신들이 만든 빵이 어떤 모양으로 완성되어 나올지 초조하게 기다립니다.

"와아!"

시간이 지나고 오븐에서 빵이 나올 때마다 아이들의 환호성이 터져 나옵니다. 오븐에 들어가기 전에는 그냥 하얀 밀가루 덩어리였는데, 나올 때는 노릇노릇하게 구워진 빵들이 저마다 다른 모양과 냄새를 자랑하고 있습니다.

"자, 이제 각 조별로 만든 빵들을 탁자 위에 놓고 서로 돌아가며 맛을 보세요. 그리고 어느 조가 만든 빵이 제일 맛있는지 품평회를 가져 보도록 해요."

선생님의 말씀이 끝나기가 무섭게 아이들은 저마다 신나게 탁자를 돌며 서로 다른 조의 빵을 먹어 보느라 정신이 없습니다. 선생님께서도 사뭇 진지한 표정으로 아이들이 만든 빵을 조금씩 떼어 드시며 맛을 봅니다.

"와, 선생님은 배가 불러서 더 이상 못 먹겠다! 그럼 어느 조의 빵이 제일 맛있었는지 한번 이야기 해 볼까요?"

선생님은 아이들을 휙 둘러봅니다. 그런데 조금 전까지만 해도 서로 자기 조가 만든 빵이 제일 맛있을 거라고 큰소리치던 아이들이 모두 잠잠합니다.

그때 현묵이가 조용히 손을 듭니다.

"선생님, 사실 빵이 완성되기 전에는 저희 조가 만든 빵이 제일 맛있을 거라고 생각했어요. 오늘을 위해서 어제 준비도 많이 했고요. 그런데 빵이 완성되어 다른 조에서 만든 빵도 맛을 보니 모두 맛있었어요. 빵마다 서로 다른 독특한 맛이 있는 것 같아요."

현묵이의 말에 반 아이들 모두 고개를 끄덕이며 동의를 합니다. 선생님께서는 환하게 웃으십니다.

"모두들 현묵이의 말에 동의하는 것 같네요. 그럼 우리 오늘의 1등은 우리 반 전체로 해요. 선생님은 오늘 여러분이 열심히 빵을 만들고 서로가 만든 빵을 칭찬하는 모습을 보면서 여러분이 함께 생활하는 이 교실이, 크게는 이 학교가 여러분에게는 오븐과 같다는 생각이 들었어요."

"네? 선생님, 너무 잔인해요! 그럼 선생님 눈에는 저희가 모두 빵으로 보인다는 말씀이세요? 그럼 시커먼 저는 초코파이인가요?"

"글세, 초코파이일 수도 있고 그냥 탄 빵일 수도 있지."

자항이와 수환이의 이야기에 선생님도 반 아이들도 한바탕 신나게 웃습니다.

"초코파이건 탄 빵이건 간에 선생님한테는 다 맛있는 빵들인 거 알지? 호호호. 이 학교에 오기 전에는 선생님을 포함해 서로가 모르는 상태였지만 이곳에서 여러 친구들을 만나고 선생님과 함께 공부하면서, 나중에 이 학교를 졸업할 때는 처음 모습보다

는 좀 더 나은 괜찮은 친구들이 되어 있기를 진심으로 바란다는
의미예요. 탄 빵! 이제 무슨 말인지 알겠지요? 각자의 꿈은 다르
지만 그 꿈을 향해 노력하는 모습은 우리가 노력해서 만든
빵에 순위를 매길 수 없었듯이 누가 누구보다 잘났다,
아니다를 판단할 수 없는 거예요. 자, 그럼 각자 가
져왔던 준비물들 챙기고 주변 정리 시작하세요!"
"네에!"

아이들은 저마다 준비해 왔던 재료들을 챙기고 탁자 주변에 떨어진 밀가루며 빵 부스러기를 치우느라 정신이 없습니다. 빵을 만들고 먹을 때는 좋았는데 언제나 그렇듯 뒷정리는 참 귀찮은 일입니다.

"야, 쟤 뭐하는 거냐?"

자항이가 현묵이를 쿡 찌르며 조그만 소리로 묻습니다. 자항이가 가리키는 쪽을 보니 수환이가 검은 비닐 봉투를 들고 탁자 위에 아이들이 남긴 빵들을 주섬주섬 담고 있습니다.

"야, 이수환! 너 요즘 용돈 못 받냐? 이제 간식도 네가 알아서 챙겨야 되는 거야?"

"뭐, 이 자식아?"

이런! 수환이의 모습을 저쪽에서 지켜보던 승현이가 교실의 아이들이 다 들도록 결국 큰 소리로 한마디를 꺼냅니다. 이렇게 두었다가는 두 사람이 붙게 생겼습니다.

"야, 야, 왜들 이래 또. 어차피 아이들이 먹다가 배불러서 남긴 빵인데 누가 챙겨 가면 어떠냐? 아, 이수환 이 자식, 재빠르게 선수를 치다니. 내가 챙겨 가서 두고두고 먹으려고 했는데 말이야."

다행히 자항이의 너스레에 싸움이 붙진 않았지만 두 사람 때문에 교실 분위기가 잠시 얼었다 녹은 것처럼 썰렁합니다.

수환이는 잠시 주춤했지만 다시 아무 일 없었다는 듯 봉투에 빵을 담습니다.

'도대체 승현이한테 그런 말을 듣고도 저 많은 빵을 다 싸 가는 이유가 뭘까? 엄마, 아빠 꽃 가게가 잘 안 된다더니, 그때 오천 원을 가져간 것도 그렇고……. 정말 승현이 말대로 용돈도 못 받을 정도로 가정 형편이 어려운 걸까?'

현묵이는 다시 그때의 오천 원 사건이 떠오르며 머릿속이 복잡해집니다.

그냥 친구로서 물어볼 수도 있는 일인데 그때처럼 오늘도 왠지 물어보는 것이 쉽지 않습니다. 도대체 수환이는 왜 그랬을까요?

2 빵은 무엇으로 만드나?

사총사는 학교에서 돌아온 후, 현묵이 아버지를 기다리며 공터에 모여 앉았습니다. 수환이는 자항이와 게임기를 가지고 놀고 있고, 승현이는 현묵이와 동물들의 겨울잠에 대해 이야기하고 있습니다. 아까 학교에서 다툰 것 때문에 수환이와 승현이는 서로 본체만체합니다. 이럴 때마다 현묵이는 자항이가 있는 게 얼마나 고마운지 모릅니다.

'만약 우리가 네 명이 아니고 세 명이었다면?'

현묵이는 생각만 해도 끔찍합니다.

현묵이 아버지와 사총사는 지금 창경궁 근처를 걷고 있습니다. 창경궁은 태종을 모시기 위해 세종이 지었던 수강궁 터에 지어진 것이라고 합니다. 예전에 일본이 우리나라를 강점하였을 때 이곳에다 동물원과 식물원을 만들고 박물관 등을 세운 후에 창경원으로 이름을 격하시켰으나, 1983년에 다시 창경궁이라는 이름을 되찾게 되었다고 합니다.

"자, 너희 혹시 이 길의 이름을 알고 있니?"

현묵이 아버지는 창경궁 담벼락을 끼고 난 길을 가리키며 물으십니다.

"학교랑 집 근처를 벗어난 적이 별로 없어서 잘 모르겠어요."

현묵이가 고개를 갸우뚱하며 아이들을 바라봅니다. 아이들도 마찬가지라는 표정입니다.

"이 길이 바로 율곡 이이 선생님의 호를 따서 지은 '율곡로'란다."

아이들은 그제야 들어 본 것도 같다며 고개를 끄덕입니다.

"그럼 여기서 이 길로 청계천을 거쳐 충무로를 지나면 무슨 길이 나올까?"

현묵이 아버지는 오늘 아이들에게 지리 수업을 하려나 봅니다. 이번에도 역시 아이들은 도통 모르겠다는 표정입니다.

"바로 '퇴계로'란다."

"아!"

아이들의 입에서 탄성이 터져 나옵니다.

"그럴 줄 알았어요! 아이참, 생각하고 있었는데. 율곡로 다음에 왠지 퇴계로가 나올 것 같더라니."

진짜인지 아닌지 알 길이 없지만 자항이가 무릎을 치며 안타까워합니다.

"하하하, 그랬구나. 우리 율곡로를 가로질러서 청계천까지 한번 가 볼까? 청계천이 복구되어서 이제 맑은 물도 다시 흐르고 하니 발도 담그고 땀도 식힐 겸. 좋지?"

"네에!"

"우와! 진짜 시원해요!"

아이들은 청계천에 발을 담그고 발장구를 치며 신이 났습니다. 현묵이 아버지가 아이들을 보며 흐뭇하게 웃으십니다. 주말이라 사람들이 많지만, 그래도 이제는 많은 사람들이 다녀간 후라 그런지 심하게 붐비지는 않습니다.

"아저씨가 어렸을 때는 여기에서 물고기도 잡고, 창경궁에 가서 매미도 잡으면서 놀았단다. 앞으로는 너희와도 자주 와야겠구나. 참, 그런데 너희들 오늘 맛있는 빵을 만들었다면서? 아까 현묵이가 가져온 빵을 먹어 봤는데 너희들 모두 수준급이더구나. 그래서 말인데, 너희들 빵은 무엇으로 만드는 줄 아니?"

"밀가루랑 베이킹파우더랑 설탕이요!"

"우유랑 계란!"

"물!"

"생크림이랑 과일도요!"

"버터!"

아이들은 하나라도 더 말하기 위해 저마다 목소리를 높입니다.

"하하하. 그래, 그래. 너희들이 말한 것들 모두 빵을 만드는 데 꼭 필요한 재료들이구나. 그렇다면 재료만 있으면 빵을 만들 수 있을까?"

아이들은 갑자기 꿀 먹은 벙어리가 됩니다.

"재료 말고 또 필요한 것은?"

"아, 기술이요! 빵 만드는 기술이 없으면 아무리 훌륭한 재료가 있어도 쓸모가 없어요!"

"역시 제빵사가 꿈인 수환이가 정확히 알고 있
구나. 그래, 맞다. 이렇게 빵을 만들 때 필요
한 기술과 재료들을 우리의 마음 상태에 한
번 비유해 볼까? 자, 빵을 만들 때 필요한
기술을 '이(理)'라 하고, 밀가루 같
은 재료나 오븐과 같은 기계들
을 '기(氣)'라고 한다면, '이'
는 곧 '이치'라고 할 수 있단
다. 이치가 뭘까?"

"음, 옳은 것이요. 옳은 게 이
치 아닌가요?"

승현이가 정확하지는 않다는 듯 약
간 자신 없는 목소리로 말합니다.

"그래, 이치는 옳은 것이지. 아저씨가 더 쉽게 얘기해 볼까? 배는 물 위로 다니지? 그렇다면 자동차는 어디로 다니니?"

"에이, 당연히 땅 위로 다니죠. 아직 물 위로 다니는 차가 발명되었다는 얘기는 못 들어 봤거든요."

자항이는 축구만큼이나 차에도 관심이 많습니다. 언젠가 자항이가 하늘을 나는 자동차를 만들겠다며 며칠을 흥분하여 설계도를 그리다가 포기한 일을 아이들 모두 기억하고 있습니다.

"그래, 배는 물 위로 가고 자동차는 땅 위로 가지. 그게 바로 이치란다. 또한 부모라면 자식을 사랑하는 것이 이치이고, 자식이라면 부모를 공경하는 것이 이치이지. 퇴계 선생님께서는 우리가 공부를 하는 것도 바로 이 이치를 찾기 위해서라고 하셨단다."

"아, 그렇구나. 그런데 '이'는 이치라고 하니 이해가 되는데, '기'는 뭔지 잘 모르겠어요."

현묵이가 고개를 갸우뚱하며 묻습니다.

"야, '기'를 모른단 말이야? '나의 기를 받아랏!' 할 때 '기' 맞죠?"

"하하하, 아주 똑같다고는 할 수 없지만 전혀 틀리다고도 할 수 없겠구나. 아까 빵을 만들 때 필요한 재료들을 '기'라고 한 것 기억하지? 오븐에서 갓 구운 빵을 꺼냈을 때 김이 모락모락 솟아올랐을 거야. 그 다음에 빵 냄새가 기분 좋게 코끝에 와 닿았지? 이것이 바로 '기'란다. 그러니까 '기'는 바로 재료에서 나오는 것이지. 각각의 재료의 양을 정확한 비율로 넣으면 빵이 맛있어질 것이고, 너무 재료를 많이 넣거나 적게 넣으면 맛이 없을 수도 있을 거야. 이 빵 맛 또한 '기'란다."

현묵이 아버지는 계속해서 향기, 분위기 등도 모두 '기'의 일종이라고 설명해 주십니다.

"그러면 저희 아빠가 가끔 뀌시는 방귀도 '기'의 일종인가요?"

"하하하, 자항이는 정말 재치가 있구나. 그래, 그것도 '기'의 일종이라고 할 수 있지. 이와 같은 것을 이 세상 우주 끝까지 확대시키면 모든 것이 '이'와 '기'로 되어 있다는 것을 알게 될 거야. '이'는 한 가지 모습으로, '기'는 여러 가지 모습으로 말이지."

"와! 지금 저희가 아저씨한테 배우고 있는 것이 '철학'이라는 거 맞죠? 마치 대학생이 된 기분이에요!"

좀처럼 들뜨는 법이 없는 승현이가 신이 나서 이야기합니다.

"그래, 철학이라는 건 어려운 것이 아니란다. 우리 주변 모든 곳에 있는 것이 철학이지. 그럼 우리 다시 마음 이야기로 돌아가 볼까? 아까 아저씨가 사람의 마음도 '이'와 '기'로 이루어졌다고 했지? '이'는 옳은 것, 이치라고 했으니 좋은 것이고, '기'는 재료들이 섞여 있는 것이니 좋은 것도 있고 나쁜 것도 있겠지. 이처럼 우리 마음속 '기'에는 좋은 것과 나쁜 것이 섞여 있기 때문에 우리는 마음 공부라는 것을 해야 하는 거란다. 좋은 일을 하려는 마음과 나쁜 일을 하려는 마음이 싸울 때, 나쁜 마음이 나서지 않도록 다스리는 것이 '수양'이지. 그리고 수양할 때 흔들림 없이 똑바로 깨어 있는 마음 상태가 바로 '경'이기도 하단다."

'수양'이라는 말이 나오자 자항이와 수환이가 장난스럽게 요상한 요가 자세를 취하며 뒤뚱거립니다.

"하하하, 요가도 수양의 일종이지. 하지만 수양이라는 것이 그렇게 어려운 것만은 아니란다. 평소에 옳은 일을 하려고 노력하고 옳지 않은 일은 하지 않으려는 노력들도 모두 작은 수양의 실천이라고 할 수 있지. 아이고, 그런데 오랫동안 발을 담그고 있어서 그런지 아저씨는 발이 시리구나."

현묵이 아버지는 빨갛게 된 발을 두 손으로 꼭 쥐고 주무릅니다.

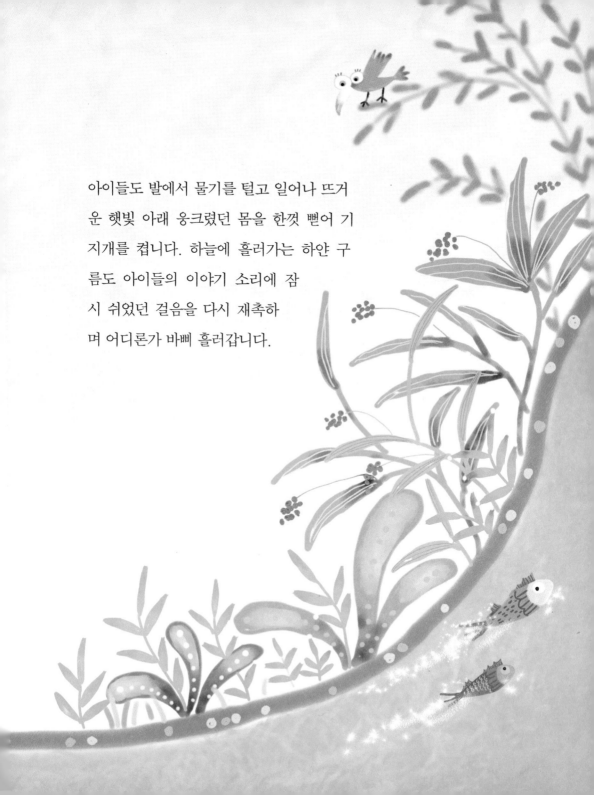

아이들도 발에서 물기를 털고 일어나 뜨거
운 햇빛 아래 웅크렸던 몸을 한껏 뻗어 기
지개를 켭니다. 하늘에 흘러가는 하얀 구
름도 아이들의 이야기 소리에 잠
시 쉬었던 걸음을 다시 재촉하
며 어디론가 바삐 흘러갑니다.

세상을 살아가는 이치

 빵은 기술과 재료로 만들어집니다. 기술만 있고 재료가 없거나 재료만 있고 기술이 없다면 빵을 만들 수 없습니다. 이렇게 이 세계가 만들어진 것도 그 원리와 재료가 있겠지요?

 이 세계뿐만 아니라 세상 모든 사람과 사물에도 그 원리와 재료가 있을 것입니다. 하다못해 우리가 공부하는 것에서부터 밥 먹는 일까지 모두 원리가 있게 마련이고, 또한 재료가 있게 마련입니다.

 여기서 원리는 다른 말로 '이치' 라고 하기도 하고, '이' 또는 '리' 라고 말하기도 합니다.

 여기서 '이치에 맞지 않다', '이치가 없다' 는 말을 생각해 봅시다.

 배는 물 위로 가고 자동차는 아스팔트 위로 가며 비행기가 하늘을 나는 것이 바로 '이치' 라는 것입니다. 만약에 자동차를 가지고 하늘을 날겠다고 한다면 이치가 잘못된 것, 곧 이치 없는 일이지요.

 퇴계 이황 선생님은 우리의 삶도 항상 원리, 곧 이치를 생각하며 살아야 올바른 삶이며, 동시에 성공한 삶일 수 있다는 것을 가르쳐 주셨습니다.

여기서 이치를 찾으려는 노력이 필요합니다. 그것은 무엇일까요? 우리가 하는 공부가 바로 그것이랍니다. 과학자가 연구하며 찾으려는 원리도 바로 이 '이치'입니다. 장님이자 맹인이며 귀머거리로서 세계 최초로 대학을 나온, 그것도 미국의 명문 하버드 대학을 졸업한 헬렌 켈러에게 그의 스승 설리반은 무엇을 가르쳤을까요?

장애를 딛고 세상에서 꿋꿋하게 살아갈 수 있는 '이치'를 가르친 것이랍니다.

퇴계 이황은 '세상 살아가는 이치'를 가지고 '올바른 삶'을 살 것을 무엇보다 중요하게 생각했던 것이지요.

세상 모든 것을 얻는 법

 몸가짐을 공손히, 인을 맡으면 공경히, 남과의 사귐은 경건하게 하라.

—퇴계 이황

1 '경'으로 만나고 대하기

"돌을 지고 모래를 파니
저절로 집이 되고,
앞으로 가고 뒤로 달아나는 건
다리가 두루 많아서로구나.
평생을 사는 것이 한 움큼 산골 샘이니
강과 호수를 물어서 무엇하리."

"우와!!"

"우자항, 진짜 네가 쓴 거냐?"

"와! 너 진짜 다시 봤다!"

여기저기서 탄성이 터져 나옵니다. 자항이는 처음에는 쑥스러운 듯 머리를 긁적이더니 이제는 손가락으로 브이 자를 그려 보이며 한껏 거드름을 피웁니다. 오늘 국어 시간에는 각자 집에서 동시를 지어 와 발표하기로 했는데 단연 자항이의 동시가 최고의 인기입니다. 평소 같았으면 동시 짓기나 독후감 쓰기 같은 숙제를 제일 싫어하는 자항이인데 오늘은 정말 다른 사람 같습니다.

"그래, 우자항, 그 시의 제목이 뭐라고 했지?"

선생님께서 팔짱을 끼시며 자항이에게 묻습니다.

"'게'요. 멍멍 '개'가 아니고 옆으로 기어가는 '게'요."

선생님께서는 팔짱 낀 손을 푸시고 한 손으로 턱을 만지시며 고개를 끄덕거립니다.

"그래. '게'라……. 퇴계 이황 선생이 15세 되던 해에 처음 한시를 지으셨지. 그때 시의 제목도 '게'였지 아마. 아니다. '게'가 아니라 '가재'였다."

선생님의 말씀에 자항이의 얼굴이 갑자기 홍당무가 됩니다.

"에이, 뭐야! 우자항!"

"그럼 그렇지! 어쩐지 전문가의 손길이 느껴진다 했어!"

여기저기서 아이들의 야유가 터져 나옵니다. 자항이는 고개를 숙인 채 모기만한 소리로 말합니다.

"그게 저, 도저히 시상이 안 떠올라서요. 요즘 퇴계 이황 선생님에 대해서 많이 듣기도 했고요. 시도 많이 남기셨다기에 어머니한테 졸랐더니 대학 다닐 때 읽은 《퇴계 선생의 생애와 사상》에서 찾아주셨어요."

"아! 그래. 인터넷에서 퍼 온 줄 알았는데, 그건 참 잘한 일이야."

"퇴계 이황 선생은 산과 강 같은 자연에 묻혀 사는 것을 즐기셨는데 이 시를 지을 때 이미 그런 취미가 싹텄다고 할 수 있지."

아이들은 선생님 말씀에 고개를 끄덕거렸습니다. 퇴계 이황이 자연을 벗 삼아 몸가짐을 반성하면서 가족과 국가 그리고 이 세상을 생각하였다는 선생님의 설명이 이어지자, 자항이는 어머니를 조르길 잘했다는 생각이 들었습니다. 더욱이 시 제목이 '게'인 줄 알았는데, '가재'라는 말씀을 듣고는 집에 가서 이야기해야겠다고 마음먹었습니다.

"와! 선생님은 별걸 다 아시는구나."

아이들은 선생님이 보충 설명을 하자, 좋아하면서 놀려댔습니다.

"선생님! 요즈음 애들이 인터넷에서 게임을 하느라고 잠깐 만난 애들에게는 신경을 써 주지 않아요. 게임하는 동안 같이 신나게 놀다가 게임 끝나면 인사도 없이 그냥 나가는 애들도 많아요. 그래도 가끔은 그런 게 편하기도 해요."

현묵이네 반 반장인 정아가 갑자기 엉뚱한 이야기를 꺼냅니다. 다른 친구들도 모두 고개를 끄덕입니다.

"맞아요. 반 친구들하고 놀 때는 친구들이 싫어하는 얘기도 하면 안 되고, 무슨 놀이를 할까 정할 때도 내 맘대로 못하고, 아주 불편해요. 특히 정아같이 까다로운 애랑 놀면 더 그래요."

자항이의 이야기에 정아가 흘깃 째려봅니다. 자항이는 장난스럽게 '헤~'하고 웃어 보입니다.

"그래요. 정아와 자항이가 잘 이야기해 주었어요. 우리는 보이지 않는 상대에게 함부로 하는 것은 보이는 상대에게 하는 것보다 훨씬 쉬운 일이라고 생각하는 경우가 많아요. 그래서 인터넷을 하다가 누군가가 익명으로 올린 글에 자기도 익명으로 답 글을 달면서 이름을 밝히지 않는다고 함부로 욕을 써 놓는 것을 많이 봤을 거예요. 여러분이 친구들과 함께 지내는 이 교실을 작은 사회라고 생각한다면 인터넷도 역시 익명의 사람들이 모여 활동하는 사회라고 볼 수 있어요. 인간은 무슨 동물?"

"사회적 동물이요~!"

선생님의 질문에 반 아이들이 모두 함께 소리 높여 대답합니다.

"그래요, 다들 기억하고 있네. 고대 그리스의 철학자 아리스토텔레스가 인간은 사회적 동물이라고 했지요. 이 세상에 사는 모든 것은 동물이건 식물이건 모두 무리를 지어 살아요. 그래서 더불어 사는 방법이 필요한 거죠. 더불어 사는 방법은 내가 어떤 태도를 보이는가에서 출발한답니다. 남들과 더불어 살기 위해서는 어떤 태도가 필요할까?"

"상대방을 존경하는 마음이요!"

"남의 말을 잘 들어주는 거요!"

"공손한 태도요!"

"남을 배려해야 돼요!"

여기저기서 아이들의 대답이 나옵니다. 선생님께서는 이제 됐다며 두 손을 들고 크게 웃으십니다.

"이렇게 잘 알고 있으니 선생님이 더 이상 할 이야기가 없는걸? 그래요, 다들 잘 알고 있네요. 지금 여러분이 말한 것처럼 남들과 더불어 살기 위한 방법들은 이 사회뿐만 아니라 인터넷이라는 사회에서도 똑같이 적용되는 거예요. 인터넷상에서 만난 친구라고 해서 함부로 무시하거나 예의 없이 대하는 것은 동물과 다름없는 행동이겠죠?"

"맞아요, 선생님. 정아가 좀 까다롭긴 해도 제가 제일 좋아하는 급식 반찬이 나오는 날이면 꼭 더 담아 주기도 하면서 저를 얼마나 챙겨주는데요. 그게 다 제가 정아한테 매너 있게 행동해서 그런 것 같아요."

"우~!"

자항이가 정아를 보며 다시 '헤~' 하고 웃자 정아는 얼굴이 빨개져서 화가 난 척 고개를 획 돌리고 아이들은 능청스런 자항이에게 야유를 보냅니다.

"아까 자항이가 퇴계 선생님 이야기를 했으니 선생님도 퇴계 선생님의 이야기로 마무리를 할까? 퇴계 선생님께서는 어디를 가든 무엇을

하든 모든 일을 '경'으로 삼가서 실천하면 그것이 바로 올바른 태도라고 말씀하셨단다."

선생님의 입에서 '경'이라는 이야기가 나오자 사총사는 동시에 눈을 동그랗게 뜨고 선생님을 쳐다봅니다.

"선생님! '경'은 한곳에 마음을 집중하는 것 아닌가요?"

자항이가 궁금함을 참지 못하고 묻습니다.

"자항이가 퇴계 이황 선생님에 대해 정말 아는 것이 많구나. '경'은 흐트러짐 없이 한곳에 집중하는 것을 말해요. 그래서 퇴계 선생님께서는 공부할 때나 사람을 만날 때도 이 '경'의 태도로 대할 것을 말씀하셨어요. 우리가 사회에서나 인터넷에서 친구들을 대하는 방법에 대해 이야기한 것처럼 우리의 부모님뿐만 아니라 주변의 어른을 대할 때에도 공경하는 마음으로 예절을 지키며 대해야 한다는 거예요. 다들 알겠죠?"

사총사는 학교에서 다시 퇴계 선생님의 '경'에 대해 듣자 너무 반갑고 신기해합니다.

"아차, 선생님이 잊을 뻔했네요. 이제 다음 주면 신나는 여름……."

"와~! 야호!"

선생님의 말씀이 끝나기도 전에 아이들은 벌써 책상을 치고 만세를 부르며 난리입니다. 다음 주면 겨울 방학이 끝났을 때부터 기다려 온 여름 방학이 돌아옵니다.

"너무들 좋아하네. 선생님 못 보는 게 그렇게 좋단 말이지? 사실 선생님도 좋아요. 바다에도 가고, 산에도 가고……. 참, 또 잊을 뻔했네. 이번 방학에는 모두 봉사 활동 한 가지씩 해서 보고서를 작성하는 숙제가 있어요. 다들 어떤 봉사 활동을 할지 미리 생각한 후에 내일까지 적어서 내도록 해요!"

이미 아이들 귀에는 선생님의 말소리가 저만치 멀리서 울리는 자장가처럼 들립니다. 벌써 아이들 귀에는 바다의 파도 소리며 발아래에 조개껍데기 밟는 소리가 가득합니다.

2 그렇게 하려고 그랬구나

"왜 선생님은 그냥 편안히 방학을 보낼 수 있도록 우리를 내버려 두지 않는 거야, 왜?"

자항이가 마치 연극이라도 하듯이 두 손으로 머리를 쥐어짜는 시늉을 합니다. 수업이 끝나고 공터에 모인 사총사가 선생님께서 내주신 방학 숙제 때문에 고민 중입니다.

"차라리 문제집 하나를 풀어 오라는 숙제를 내주시지."

승현이의 말에 나머지 세 명이 모두 얼굴을 찡그립니다.

"그런데 사실 학원을 안 가니까 좋긴 한데 조금 불안하기도 해. 지금 많이 뒤처지면 나중에 따라가기 힘들 것 같기도 하고."

현묵이가 이야기합니다. 이번에는 아이들도 조금 동의하는 표정입니다.

"아니야! 그래도 아직 난 좀 더 놀아야겠어. 이게 어떻게 찾아온 기회인데 스스로 반납할 순 없지."

자항이가 단호하게 팔짱을 끼며 이야기합니다.

"아무튼 빨리 정해서 해치우자. 봉사 활동 같은 걸로 신경 쓰고 싶지 않아."

승현이가 시큰둥하게 이야기합니다. 다른 아이들도 크게 다르지 않은 것 같습니다. 그런데 수환이는 아까부터 무슨 할 말이 있는 것 같습니다.

"저기 너희들, 특별한 일 없으면 나랑 같이 우리 단지 근처에 있는 새싹 놀이방에 가지 않을래?"

수환이가 평소와 달리 아주 조심스럽게 아이들에게 물으며 슬쩍 눈을 내리깝니다.

"놀이방? 놀이방은 엄마, 아빠가 직장 나가면서 아이를 맡기는 곳 아니야? 그런 곳에는 선생님도 계실 텐데 우리가 가서 무슨 할 일이 있나?"

자항이가 고개를 갸우뚱하며 묻습니다.

"거긴 좀 달라. 부모님들 중에 한 분이 안 계신 아이들만 있는 곳이야. 다들 형편이 어려워서 놀이방비도 조금밖에 못 내고. 그래서 선생님도 한 분밖에 안 계셔. 아이들 인원에 비해 선생님 혼자 아이들을 돌보는 게 너무 힘들어 보여서……."

"우리 아파트에 그런 곳이 있었어? 그런데 수환이 너는 어떻게 그렇게 잘 알아?"

"응? 뭐 그냥……."

현묵이의 물음에 수환이는 말끝을 흐립니다. 어찌되었건 아이들로서는 봉사 활동을 할 수 있는 곳이 생겼으니 더 이상 고민할 필요가 없었습니다. 방학이 시작된 첫 주에 가장 재미없는 숙제인 봉사 활동을 끝내 버리기로 하였습니다. 그래야 부담 없이 남은 방학을 즐길 수 있을 거라고 생각한 것이겠죠?

"그래? 그렇게 좋은 일이라면 아빠도 빠질 수 없지."

엊그제 방학식을 하고 벌써 이틀이 지났으니 놀 수 있는 날이 이미 이틀이나 사라져 버렸습니다.

사총사는 마음이 급하기만 합니다. 얼른 재미없는 봉사 활동 숙제만 끝내면 바다로, 강으로 신나게 놀러갈 일만 남았습니다. 그래서 서둘러 봉사 활동 날짜를 잡는다는 것이 하필 현묵이 아버지와 시간을 보내는 토요일이었던 것입니다.

그런데 현묵이의 이야기를 들으신 아버지는 좋은 일이라면 함께 하시겠다며 현묵이를 따라나섭니다. 뭐, 도와줄 일손이 더 느는 것인데 나쁠 것이 없습니다.

"그래, 뭐 준비해 갈 것은 없고?"

"수환이가 각자 맛있는 간식거리만 좀 사오면 된대요. 다른 것은 다 있다고요."

공터에서 만난 자항이, 승현이와 현묵이, 현묵이 아버지는 새싹 놀이방으로 향합니다. 수환이는 먼저 가 있기로 했으니 아마 도착해 있을 겁니다.

"어서 들어와! 왜 이제들 왔어. 어? 아저씨도 오셨네요. 안녕하셨어요? 자, 자항이랑 승현이는 여기 아이들 목욕탕에 데려가서 목욕 좀 시켜 주고 현묵이랑 아저씨는 놀이방 청소를 해 주세요. 저는 이불이랑 커튼 좀 마저 빨게요."

놀이방에 들어서자마자 좁은 마당에서 큰 고무 통에 가득한 빨래를 발로 꼭꼭 밟으며 수환이가 아이들을 맞이합니다.

아이들은 잠시 주춤했지만 수환이가 시킨대로 각자 위치로 가 제 할 일을 시작합니다.

"아니, 쟤는 완전히 자기 집처럼 구네. 너무 자연스러워 보이지 않냐? 하루 이틀 해 본 솜씨 같지 않지?"

자항이가 승현이를 툭 치며 작은 목소리로 이야기합니다.

승현이는 대꾸 없이 아이들을 한 명씩 조심스레 씻기기 시작합니다. 생전 처음 해 보는 일이라 아이들 몸에 비누칠을 하는 것도, 구석구석 닦아 주는 것도 생각처럼 쉽지가 않습니다.

그래도 자항이와 승현이는 서로 손발을 맞춰가며 열심히 아이들을 씻깁니다.

청소를 하는 현묵이도 힘이 들기는 마찬가지입니다. 아빠와 함께 했으니 그나마 다행이지 혼자였으면 오늘 안에 못 끝냈을 겁니다.

놀이방은 그리 넓지는 않았지만 여기저기 아이들이 토해 놓은 것을 치우고, 흩어져 있는 장난감들을 한곳에 정리하는 데 한참이 걸립니다.

놀이방 선생님은 사총사와 현묵이 아버지가 놀이방으로 들어섰을 때 작은 부엌에서 아이들 점심을 혼자 준비하고 계시느라 제대로 인사도 나누지 못했습니다.

그래도 연신 아이들이 일하는 곳을 왔다 갔다 하시며 고마워 어쩔 줄을 몰라 하십니다.

아직 앳되어 보이는 놀이방 선생님은 그 가는 팔로 목욕을 마친 아이들에게 옷을 입히고 밥을 먹이며 손이 안 보일 만큼 빠르게 움직입니다.

어느새 아이들 목욕을 마친 자항이와 승현이도 놀이방 선생님 곁으로 와서 밥 먹이는 것을 도와줍니다.

현묵이와 현묵이 아버지도 청소를 끝내고 함께 자리에 앉습니다. 아직 마당에서는 수환이가 몇 명의 놀이방 아이들과 함께 신나게 떠들며 빨래를 하고 있습니다.

"정말 너무 감사합니다. 고맙다 애들아! 수환이한테 얘기 많이 들었어. 꼭 한번 보고 싶었어. 지난번에 너희들이 아파트 입구에서 주운 돈으로 아이들 맛있는 거 사 주라고 해서 수환이가 아이들 간식도 사다 주고."

놀이방 선생님의 말씀에 자항이와 승현이가 놀란 얼굴로 현묵이를 바라봅니다. 하지만 정작 놀란 건 현묵이입니다. 이런 일이 있었다니요! 현묵이도 수환이에게 묻고 싶은 게 산더미입니다.

"참! 그리고 지난주에 너희가 직접 만들었다는 빵도 아이들이 정말 좋아했단다, 그렇지 애들아?"

　놀이방 아이들은 고개를 끄덕거리며 다시 그 빵 맛이 생각났는지 입맛을 다십니다. 그리고 현묵이와 자항이, 승현이는 다시 한 번 꿀 먹은 벙어리가 되어 서로의 얼굴만 쳐다봅니다.

3 참된 공부

"하하하, 그런 거였구나. 수환이가 정말 아무도 모르게 이렇게 좋은 일을 하고 있었구나."

놀이방 아이들이 낮잠을 자는 사이에 선생님은 굳이 아이들과 현묵이 아버지께 과일을 내오신다며 부엌으로 가셨습니다.

그 틈에 아이들은 빨래를 끝내고 들어온 수환이를 닦달하여 그동안의 이야기를 모두 들었습니다.

"아니에요. 그런 게 아니에요, 아저씨. 그냥 저 어렸을 때도 엄마, 아빠가 다 일을 나가시면 저 혼자 밥도 제대로 못 챙겨 먹고 집 밖에 잘 나가 놀지도 못했어요. 다른 아이들처럼 군것질도 맘껏 하지 못 했어요. 어느 날 빵을 먹으면서 놀이방 앞을 지나가는데 아이들이 문 밖으로 너무 먹고 싶은 눈빛으로 저를 쳐다보길래……. 여기 아이들 대부분 엄마와 아빠 중에 한 분이 안 계셔서 하루 종일 이곳에 맡겨져 있느라 제대로 된 간식을 챙겨 먹질 못해요. 너희들한테 솔직하게 얘기하지 못 했던 건 미안해. 너희가 오해할 수도 있을 거란 생각을 못 했어. 별로 대수롭지 않은 일이라……."

"인마! 대수롭지가 않아? 그래 너 잘났다! 너 혼자만 천사표되겠다 이거지?"

자항이가 수환이의 목을 조르며 머리에 꿀밤을 놓습니다. 승현이와 현묵이도 저마다 생각에 잠긴 표정입니다.

'그랬었구나. 오천 원도, 학교에서 만들었던 빵도……'

"아저씨는 오늘 너희와 같이 이곳 놀이방에 오길 정말 잘했다는 생각이 드는구나. 오늘 여길 오지 않았다면 너희가 얼마나 멋진 아이들인지 몰랐을 테니까 말이다. 너희는 머리로만 하는 공부가 아닌 몸으로 실천하는 공부의 중요성을 이미 배운 것 같구나. 퇴계 선생님도 이런 말씀을 하셨단다. '참된 배움이란 마음으로 터득하여야만 절실하여 잡되지 않으며, 글을 모조리 외우더라도 마음으로 터득하지 않으면 흐릿하여 소득이 없으며, 또 마음으로 생각만 하고 몸소 익히지 않으면 위태롭다.'"

"네에!"

낮잠 자는 놀이방 아이들이 깰까 봐 사총사는 입 모양만 크게 벌려 합창하듯 대답합니다. 현묵이는 이렇게 좋은 친구들이 곁에 있다는 것이 너무 자랑스러워서 가슴이 뿌듯합니다. 언제까지고 이 친구들과 함께라면 즐겁게 배우고 실천하며 지낼 수 있을 것 같습니다.

현묵이가 슬쩍 수환이의 어깨를 툭 칩니다. 수환이는 처음에는 의아한 눈으로 쳐다보다가 이내 알겠다는 듯이 씨익 웃으며 현묵이의 어깨를 툭 칩니다. 수환이가 이렇게 멋진 친구인 줄 모르고 잠깐이지만 의심을 했던 것이 부끄럽습니다. 승현이는 지금까지 아무 말이 없지만 아마도 분명히 지난번 빵 사건을 생각하며 수환이에게 미안한 기분이 들 것입니다. 수환이와 계속 눈을 못 마주치고 있는 걸 보면 알 수 있습니다.

놀이방 아이들이 하나 둘 낮잠에서 깨어납니다. 사총사는 서둘

러 부엌으로 가서 각자 조금씩 사 온 간식거리를 접시에 담아 준비합니다. 별로 대단한 것도 아닌데 맛있게 먹어 주는 놀이방 아이들이 사총사는 너무 고맙습니다.

"천천히 많이 먹어라, 얘들아. 그래야 나중에 이 엉아처럼 훌륭한 사람이 된단다. 너희들 박지성 선수 알지? 축구 선수 말이야. 이 엉아가 나중에 박지성 선수처럼 유명한 축구 선수가 될 거거든. 그러니까 이 간식 먹고 엉아 사인이 필요한 사람들은 말해라. 단, 한 사람 앞에 한 장씩이다!"

"자항아. 축구 선수가 되면 반드시 이 점을 잊지 마. 너만 골을 넣으려고 하지 말아야 해. 욕심은 금물이야. 어시스트를 하는 것이 중요하잖아. 네가 도와서 다른 선수가 넣으면 네가 넣은 것이랑 다를 게 없으니 말이야. 한 골을 넣으면 모두의 기분이 다 같이

좋아질 테니……. 퇴계 이황 선생님 말씀이시란다. 기억해라."

　수환이가 두 손으로 자항이의 손을 붙들고 말합니다. 놀이방 아이들도 선생님도 사총사도 현묵이 아버지도 모두 새싹 놀이방이 떠나갈 듯 웃습니다. 이제는 현묵이 아버지가 나섭니다.

"맞아. 수환이가 축구 이론가가 되었구나. 자기만 생각하지 말고 나 외에 남이 있다는 점을 반드시 생각해야 해. 어떤 선수는 자기가 골을 넣으려고만 하다가 게임을 망치는 경우가 있어. 무엇이 가장 좋은 방법인가 순간적으로 생각해야 해. 혹시 남이 넣는 것이 효과적일 것 같으면 지체 없이 패스해야 이치에 맞는 거야. 자항아. 넌 앞으로 훌륭한 축구 선수가 될 것 같구나. 나에게도 미리 사인 하나 해 주렴."

　오늘 사총사가 새싹 놀이방에서 얻은 것은 봉사 활동 점수가 아닙니다. 공부든 어떤 일이건 간에 작은 정성을 쏟아 남에게 사랑을 베풀면 그것이 퇴계 이황이 들려주는 '경'이요, 우리가 원하는 모든 것을 얻는 길입니다.

'경'의 태도

퇴계 이황 선생님은 나이 23세가 되던 해에 성균관에 들어가셨답니다. 성균관은 요즈음으로 치면 서울 대학교와 같은 곳이랍니다. 그런데 이때는 막 기묘사화(己卯士禍)를 겪은 시기라, 세상이 시끄러워서 선비들이 마음을 가라앉히고 공부를 차분히 할 수 없을 때가 많았답니다.

그럼에도 불구하고 퇴계 이황 선생님은 어지러운 세상에도 아랑곳하지 않고 열심히 마음을 집중하여 공부를 하셨답니다. 그래서 대부분의 사람들은 퇴계 이황 선생님을 비웃었죠.

사화란 '사림의 화'를 뜻하는 말입니다. '사림'이란 정계에 진출한 유학자들을 말하는 것이고, '화'라는 말은 재앙을 뜻하는데, 요즘으로 치면 학자 출신의 벼슬아치들이 수난을 겪은 것을 말하지요.

우리는 세상을 살아가면서 여러 가지 일을 겪습니다. 즐거운 일도 있고, 어려운 일을 겪을 때도 있습니다. 하지만 퇴계 이황 선생님은 매우 힘들고 고통스런 때에도 흔들림 없이 자신의 공부를 열심히 하

셨습니다. 주변의 성균관 유생들이 비웃는 것에는 아랑곳하지 않고 미래를 위해서 열심히 공부하셨답니다.

훗날 수많은 글을 남기고 대철학자로 이름을 남기게 된 것도 바로 자신을 둘러싼 어떤 유혹에도 마음을 빼앗기지 않은 '경'의 태도 덕분이라고 할 수 있겠죠?

에필로그

"진영아, 솔직하게 말해야 돼. 승현이 엉아가 씻겨 주는 게 시원해, 아님 자항이 엉아가 씻겨 주는 게 시원해?"

자항이는 놀이방에서 제일 꼬마인 네 살짜리 진영이를 씻기다 말고 묻습니다. 진영이는 난처한 듯 손가락을 입에 물고 승현이와 자항이를 번갈아 봅니다.

"야. 그만 해라! 애 놀라겠다. 네가 최고다, 최고야!"

승현이가 자항이에게 핀잔을 줍니다. 그래도 자항이는 씻기는 아이들마다 붙잡고 물어보기를 멈추지 않습니다.

벌써 방학도 반 이상이 지나갔습니다. 사총사는 바닷가에도 다녀왔고 먼 시골 친척집에도 다녀왔습니다. 이곳 새싹 놀이방에도 벌써 세 번이나 다녀갔습니다. 아! 그리고 방학이 끝나면 무엇이든지 열심히 하기로 마음먹었습니다.

누가 시킨 일이냐고요? 아닙니다. 스스로 터득하여 실천하는 것이 참된 공부임을 배운 아이들이 누가 시킨다고 하고, 시키지 않는다고 하지 않나요?

이제 사총사는 그런 낮은 경지를 벗어난 지 오래입니다. 미래에 펼칠 자신들의 꿈을 위해 마음을 집중하기로 한 것입니다.

"야, 야, 이수환! 애들한테 그렇게 우악스럽게 옷을 입히면 어떡하냐? 옷 입히기 전에 로션을 충분히 발라 줘야 한다고 했잖아. 충분히 발랐어? 어디 봐."

"이 잔소리쟁이 김승현! 너보다 내가 해도 몇 번은 더 했거든! 애들 씻기는 거나 잘 하셔. 구석구석 잘 닦아 주기는 한 거냐? 어디 보자."

물론 여전히 티격태격하기도 하고,

"으앙~"

"어, 미안, 미안. 현수야, 이 자항이 엉아가 안 아프게 잘 닦아 줄게."

조금 서툴기도 하고,

"아이구, 아니지. 형이 얘기하는 거 다시 한 번 잘 들어 봐. 여기 막대 과자 네 개가 있는데 그중에 형이 두 개를 먹었어. 그럼 몇 개가 남았을까? 뭐? 세 개라고?"

가끔 조급하기도 하지만, 그래도 사총사는 쉬지 않고 매일매일 열심히 뛸 것입니다. 먼 미래의 꿈을 이루기 위해 말이지요.

통합형 논술
활용노트

01 현묵이 아버지는 아이들에게 사군자에 대해 말씀해 주시며 '홀로 피는 난초가 아름답다' 는 이야기를 들려줍니다. 이 말의 뜻이 무엇 인지 공부하는 자세와 관련하여 적어 봅시다.

02 평소 공부를 하려고만 하면 집중을 못한다는 현묵이와 아이들에게 현묵이 아버지는 '경' 공부에 대해 말씀하시며 '주일무적'을 아는 지 물으십니다. '주일무적'이 무엇인지 아는 대로 적어 보세요.

03 빵을 만드는 데에는 밀가루나 우유 같은 재료들 외에도 빵을 만드는 기술이 있어야 합니다. 책에서는 빵을 만드는 재료와 기술을 각각 무엇에 비유했으며, 왜 그렇게 비유했는지 그 이유를 적어 보세요.

04 선생님께서는 인터넷에서도 예절이 필요하다고 말씀하십니다. 여러분들이 인터넷을 하다가 무례한 경우를 당한 적이 있다면 적어 보고, 왜 그런 일이 생기는지 생각해 보세요.

05 결국 수환이가 오천 원을 가져간 것도, 싫은 소리를 들으면서까지 남은 빵을 모두 챙겨간 것도, 자신이 아닌 남을 위해 베풀기 위한 것으로 밝혀졌습니다. 현묵이 아버지는 수환이의 이런 태도를 칭찬하시며 참된 배움의 중요성을 말씀하십니다. 현묵이 아버지가 말씀하신 참된 배움이란 무엇인지 적어 보세요.

06 퇴계 이황에 따르면 사총사가 오천 원을 주워서 그냥 쓰지 않고 경찰서에 갖다 준 것은 착한 마음이 나쁜 마음을 눌렀기 때문입니다. 이렇게 좋은 일을 하려는 마음과 나쁜 일을 하려는 마음이 싸울 때 나쁜 마음이 나서지 않도록 다스리는 것을 수양이라고 합니다. 그렇다면 여러분이 생활 속에서 실천했던 수양에는 어떠한 것들이 있는지 적어 보세요.

통합형 논술
문제풀이

01 사람들은 누구나 자신이 알고 있는 것을 남에게 알리고 싶어하는 마음이 있습니다. 공부를 하다가 조금이라도 무언가를 알아내면 금방 뽐내고 싶고, 반대로 남에게 졌다는 생각이 들면 속상해 합니다. 그것들은 모두 자존심 때문에 일어나는 일입니다. 그러다 보면 깊이 있는 공부를 하기가 어려워집니다. 생각하는 시간을 충분히 갖지 않고 섣부르게 지식만 쌓는다면 오랜 시간이 흐른 뒤에는 그것이 쓸모없는 것이 될 수도 있습니다.

아무도 보지 않는 산길에 우연히 핀 난초꽃이 자신도 모르게 향기를 내뿜는 것처럼 항상 높은 경지를 향해 노력하는 마음으로 공부를 하는 것이 진정한 공부의 자세입니다.

02 '주일무적(主一無適)'은 주도할 주, 하나 일, 없을 무, 갈 적으로, 즉 한 가지에 주력하여 생각이 이리저리 흩어지지 않음을 말합니다. 바로 이것이 퇴계 이황 선생님이 말하는 '경'을 실천하는 방법입니다. 그래서 퇴계 선생님께서는 비록

뜻을 세웠다 하더라도 '경'을 실천하여 그 뜻을 붙잡지 않는다면 마음이 들떠서 중심을 잡지 못하며, 하릴없이 세월만 보내게 되어 결국은 빈말이 되고 말 것이라고 하였습니다.

여러분도 뜻을 세우고, 일상생활 속에서 주어진 일을 조심스레 삼가며 집중하는 '경'을 실천한다면 각자 세운 뜻을 이룰 수 있을 것입니다. 그리고 그 꿈이 무엇이건 간에 작게는 그 꿈을 이룬 여러분이 행복할 것이며, 크게는 인류 전체에도 이바지할 수 있는 일이 될 것입니다.

03 현묵이의 아버지는 빵을 만들 때 필요한 기술을 이(理)라고 하였고, 밀가루 같은 재료나 오븐과 같은 기계들을 기(氣)라고 하였습니다. 배가 물 위로 가고 자동차가 땅 위로 가는 것, 부모가 자식을 사랑하고 자식이 부모를 공경하는 것 등이 '이치'입니다. 그리고 우리가 오븐에서 갓 구운 빵을 꺼냈을 때 김이 모락모락 나며 풍기는 냄새가 바로 '기'입니다. 또한 각각의 재료를 넣어 만든 빵의 맛 또한 '기'

입니다.

퇴계 이황 선생님은 이와 같이 사람의 마음도 '이' 와 '기' 로 이루어져 있다고 하셨습니다.

'이' 는 옳은 것, 즉 '이치' 이니 좋은 것이고, '기' 는 재료들이 섞여 있는 것이니 좋은 것도 있고 나쁜 것도 있을 것입니다. 이처럼 우리 마음속 '기' 에는 좋은 것과 나쁜 것이 섞여 있기 때문에 우리는 마음공부를 해야 한다고 퇴계 선생님은 말씀하셨습니다.

좋은 일을 하려는 마음과 나쁜 일을 하려는 마음이 싸울 때 나쁜 마음이 나서지 않도록 다스리는 것이 수양이며, 수양을 할 때 흔들림 없이 똑바로 깨어 있는 마음 상태가 바로 '경' 입니다.

04 요즘은 인터넷이 중요한 의사소통의 매체로 떠올라 많은 사람들이 인터넷을 통해 친구도 사귀고, 게임도 하며 여가를 보냅니다. 하지만 인터넷에서는 상대방의 모습을 볼 수가 없기 때문에 무례한 행동을 서슴지 않는 경우도 많이

있습니다. 예를 들어, 게임을 하다가 상대편이 마음에 들지 않는 경기를 한다고 해서 욕을 한다거나 인사도 하지 않고 게임 도중에 나오는 경우가 있을 수 있습니다. 하지만 보이지 않는다고 해서 자신의 인격까지 드러나지 않는 것은 아닙니다. 서로의 얼굴을 볼 수 없는 곳일수록 더욱 자신을 조심하는 태도를 가져야 합니다. 퇴계 선생님은 이러한 태도를 '신독(愼獨)' 이라고 하였습니다. 즉, 혼자 있을 때 더욱 삼가고 조심해야 한다는 뜻입니다.

또한 퇴계 선생님께서는 사람들과 토론하다가 서로 의견이 맞지 않으면 자기의 선입견을 주장해서는 안 되며, 이미 이치에 맞는다고 결론이 난 뒤에도 의견 차이가 있으면 다시 토론하여 상대방의 의혹을 반드시 풀어 줄 것을 말씀하셨습니다. 이것은 인터넷과 같이 익명성이 보장되고 얼굴을 대면할 수 없는 공간에서도 우리가 분명히 적용 · 실천할 수 있는 예절일 것입니다.

05 퇴계 선생님은 공부는 몸으로 체득하고 마음으로 터득하는 것이

중요하다고 이야기하셨습니다. 즉, 배움은 몸으로 체험한 다음, 마음으로 터득하여야만 진실하여 잡되지 않습니다. 글을 모조리 외우더라도 마음으로 터득하지 않으면 흐릿하여 소득이 없고, 마음으로 생각만 하면서 몸소 익히지 않으면 위태로워 안정될 수 없습니다.

수환이를 비롯한 아이들 모두 '경' 공부에 대해 현묵이 아버지에게 배웠지만 그것을 생활 속에서 몸으로 실천하고 베푼 아이는 수환이 뿐이었습니다. 여러분도 그저 머리로만 익히는 지식이 아닌 몸으로 실천하는 공부를 하도록 노력해야 합니다. 그것이 바로 참된 공부이기 때문입니다.

06 우리 마음속 '기'에는 좋은 것과 나쁜 것이 섞여 있기 때문에 우리는 마음공부라는 것을 해야 한다고 하였습니다. 좋은 일을 하려는 마음과 나쁜 일을 하려는 마음이 싸울 때 나쁜 마음이 나서지 않도록 다스리는 것이 수양입니다.

요즘 사람들은 바쁜 일상을 살기 때문에 피곤하고 짜증나는 일들이 많습니다. 그래서 주변 사람들과 부딪히고 다투는 일도 많습니다. 평소에는 점잖고 예의바른 사람이 꽉 막힌 도로에서 운전대만 잡으면 야수처럼 돌변하는 모습을 텔레비전 광고에서 본 적이 있을 것입니다. 이런 사람들도 무조건 흥분을 하거나 화를 내기 전에 조용히 마음을 가다듬고 남을 배려하는 마음을 조금이라도 갖는다면 차가 막히는 도로에서 야수와 같은 성질로 마음 상태가 변하는 일은 없을 것입니다.

수양이란 어려운 것이 아닙니다. 평소에 마음을 차분히 하여 쉽게 흥분하거나 화를 내는 일이 없도록 노력하고, 나쁜 마음이 생기지 않도록 마음을 다스리는 것이 곧 수양입니다.